삶이 흔들릴 때 뇌과학을 읽습니다

NO WA NANIKATO IIWAKESURU
: HITO WA SHIAWASE NI NARUYO NI DEKITEITA !? by IKEGAYA Yuji
Copyright © Yuji Ikegaya 2006
All rights reserved.
Original Japanese paperback edition published in 2010
by SHINCHOSHA Publishing Co., Ltd.
Korean translation rights arranged with SHINCHOSHA Publishing Co., Ltd.
through BC Agency, Korea
Korean translation copyrights © 2024 by FORESTBOOKS, Korea

이 책의 한국어 판 저작권은 BC에이전시를 통해
저작권자와 독점계약을 맺은 포레스트북스에 있습니다. 저작권법에 의해
한국 내에서 보호를 받는 저작물이므로 무단전재와 복제를 금합니다.

우리의 마음과 행동을 결정하는 두뇌 법칙 25

삶이 흔들릴 때 뇌과학을 읽습니다

이케가야 유지 지음 | 김준기 옮김

포레스트북스

머리말

무의식을 의식하는 순간
모든 것은 달라진다

눈을 감고도 밥을 떠서 입으로 가져갈 수 있다. 자기 코가 항상 눈앞에 어른거리고 있어도 별다른 불편함을 느끼지 않는다. 당연하게 생각할 수도 있지만 사실은 상당히 신기한 일이다. 눈을 감은 상태에서 숟가락을 정확히 입으로 가져갈 수 있는 이유는 팔과 손가락의 관절 하나하나가 미세하게 조정되고 있기 때문이다. 뇌의 작용 덕분이다. 뇌가 무의식적으로 근육의 운동을 계산하는 것이다.

그럼 눈앞에 보이는 코가 그다지 신경이 쓰이지 않는 이유는 무엇일까. 코끝은 언제나 같은 위치에 자리하고 있다. 하지만 코는 마치 눈에 보이지 않는 존재처럼 여겨진다. 이것 역시 뇌의 작용이다. 무의식적으로 눈앞의 코를 지워버리는 것이다.

뇌에서는 신기한 일이 많이 일어난다. 단 '의식할 수 있는 것' 보다 '무의식 상태로 실행하는 것'이 훨씬 많다. 물론 일상생활에서는 의식하는 것만 감지되기 때문에 의식 가능한 영역만이 자신의 모든 것인 양 착각하기 쉽다. 하지만 뇌의 진정한 활동은 드넓은 무의식의 바다에서 이루어지고 있다.

웃옷의 단추를 채우고 있는 자신의 모습을 떠올려보자. 어렸을 적에는 단추를 채우는 일이 쉽지 않았지만 지금은 가족과 대화하면서도, 텔레비전을 보면서도, 업무에 대해 생각하면서도 단추를 채울 수 있다. 거의 무의식적인 동작이다. 단추를 처음 채울 때는 동작을 의식하더라도 일단 채우기 시작하면 다음은 손가락이 자동으로 움직여 어느새 끝까지 채우게 된다. 그런데 만약 단추가 있어야 할 자리에 없다면 어떻게 될까? 자동으로 움직이던 손가락이 그 부분에서 멈추고 여러분의 뇌가 그 사실을 의식하게 될 것이다. "어라, 단추가 없네." 즉 아무런 문제가 없다면 무의식 상태로 동작을 수행하지만 여느 때와 다른 일이 생기면 의식이 생겨난다.

대체 어떻게 된 일일까. 이유는 알 수 없다. 애초에 이유 따위는 없는 것인지도 모른다. 그 의식을 일종의 경고 시스템이라고 주장하는 학자도 있다. 말하자면 예상외의 일이 발생했을 때 의식이 생겨나 우리에게 알려준다는 것이다. 단추가 모두 달린 상태에서는 무의식적으로 몸이 움직여 처리하게 된다. 깊게 생각할 필요가 없다. 그러나 단추가 있어야 할 곳에 없다면 그 원인이나 해결책을 생각해야 한다. 그때 의식이 불쑥 고개를 쳐든다.

따라서 의식이 의외성에 따른 현상이라면 흥미로운 해석도 가능하다. 의식이 나타날 때 뇌는 주변 상황을 해석해 다음 행동을 결정한다. 다시 단추를 달려면 어떻게 해야 하는지, 앞으로 단추를 잃어버리지 않으려면 어떻게 해야 하는지 등 의식이 생길 때면 뇌의 적응 능력이 향상된다. 즉 의식은 '뇌 회로의 성장'을 촉진하는 것으로 해석할 수 있다.

이 책은 뇌에 대한 이야기다. 뇌와 관련된 지식과 사고방식을 다룬 책이다. 뇌의 활동은 대부분 무의식 상태로 이루어지므로 보통 여러분이 알고 있는 상식과 다를 수도 있다. 그러므로 뇌의 구조를 알고 의외의 발견에 놀랍기도 하고 막연한 두려움을 느낄 수도 있을 것이다. 이것이야말로 이 책의 포인트다. 무의식의 의외성을 아는 것만으로 여러분의 의식이 새로운 자극을 받는다. 앞서 말했듯 의식을 자극하는 것은 뇌를 성장시킬 기회가 된다. 또한 책에서는 다양한 내용을 다루고 있다. 연애와 다이어트, 유머 같은 지극히 일상적인 화제는 물론이며 미래, 철학, 생명의 진화 같은 지적인 화제에 이르기까지 여러분의 세계를 확장시켜 줄 뇌의 작동 원리를 담았다.

자, 마음의 준비가 되었는가. 이제 뇌과학의 세계로 안내하겠다. 이 책을 통해 한동안 잊고 있던 앎의 즐거움을 되찾기 바란다. 사실 우리의 뇌는 아직도 무궁무진한 가능성을 가진 부위이자 미스터리 그 자체라고 할 수 있다. 심지어 밝혀진 사실이 있다 해도 무엇이 옳고 그른지 이분법적으로 단순하게 나눌 수도 없다. 상황에 따라서 좋게 작용할 수도 있지만 반대로 나쁘게 작용할 수도 있기 때문이다. 그러나 뇌의 작동 원리를 조금이나마 파악하게 되면 이해할 수 없던 자신이나 타인을 포함한 인간의 행동과 마음을 이해하는 데 도움을 얻을 수 있고 나아가 학습, 업무 면에서는 조금 더 유리한 고지를 점할 수도 있을 것이다. 더 효율적으로 휴식을 취할 수 있는 것은 물론이다. 이렇게 뇌과학을 알면 내 삶이 더 효율적으로 굴러갈 수 있도록 써먹을 수 있다.

그렇게 과학이란 딱딱하고 어렵기만 한 것이 아니라 때로는 인생의 깨달음을 주기도 하고 마음에 작은 위로가 되기도 한다는 것을 여러분에게 조금이나마 전하고 싶다. 과학은 흔들리는 삶에서 선명한 좌표가 되어줄 수 있다는 것을 여러분에게 전할 수 있다면 그걸로 책의 목적은 달성했다고 생각한다.

저자 이케가야 유지

차례

머리말 무의식을 의식하는 순간 모든 것은 달라진다　　　　　　4

PART 1

뇌는 나이를 먹어도 계속 성장한다　　　　　　18
젊은 뇌 유지하는 법 | 뇌 일부를 잘라냈더니 생긴 놀라운 일 | 훈련으로 기억을 강화할 수 있을까?

평생 스트레스받지 않는 뇌를 만드는 법　　　　　　25
스트레스를 낮추는 방법 한 가지 | 누구나 강철 멘탈이 될 수 있다

우울하고 불안할수록 뇌가 똑똑하다는 증거　　　　　　30
뇌는 불확실성을 가장 좋아한다 | '아프지 않다'고 되뇌면 달라지는 것들 | 나약해서 우울한 거라는 무지한 착각 | 뇌의 화학적 상태를 바꾸는 플라세보 | 우울증과 해마의 새로운 관계 | 세포는 일단 많이 만들어놓는 우리 몸 시스템 | 나이 들어도 뇌 세포는 계속 생겨날까? | 똑똑할수록 우울증에 잘 걸린다

노력하지 않고 기억력 높이는 법　　　　　　　　46
행운은 느긋하게 누워서 기다려라 | 노력하지 않고 기억력 높이는 법 | 수학은 한번에, 영어는 조금씩 단계별로

답답할 때 담배를 찾게 되는 이유　　　　　　　　51
담배를 끊는 사람과 끊지 못하는 사람의 차이 | 누군가에게는 독, 누군가에게는 약 | 유전자는 모든 것을 알고 있다

인간을 인간답게 만드는 비밀은 뇌에 있다　　　　57
뇌과학이 바라보는 생물과 무생물의 차이 | 자동문도 생물이라고 할 수 있다? | 인공지능과 인간의 결정적 차이 | 기계와 융합된 인간은 기계일까, 인간일까? | 심박수를 조절하는 요가의 달인

PART 2

의욕을 내고 싶다면 일단 몸부터 움직여라   70
도대체 의욕은 어떻게 만들어지는가 I 의욕은 뇌에서 나오는 것이 아니다 I 몸이 없다면 뇌는 한낱 덩어리일 뿐 I 일단 행동해야 의욕이 생긴다 I 칭찬받을수록 똑똑해지는 뇌 I 당신이 연인에게 반한 진짜 이유 I 도파민에 중독된 뇌가 성공한다

유전자보다 강력한 '이것'의 힘   82
성공의 비결을 결정짓는 요소 I 기억력을 높이는 일곱 가지 유전자 I 절대음감은 타고나야만 하는 걸까? I 의지가 강한 사람의 유전자는 따로 있을까?

이기고 싶다면 빨간색 옷을 입어라   89
빨간색은 승부욕을 높여준다 I 당신의 눈은 세 가지 색깔만 감지한다 I 청색과 흰색, 유도복은 어느 쪽의 승률이 더 높을까? I 공작의 깃털이 화려한 이유는 무엇일까?

잠든 동안 뇌에서 일어나는 놀라운 일   96
하루 중 반드시 확보해야 하는 7.5시간 I 잠든 동안 기억은 빠르게 재생된다 I 뇌는 꿈을 꾸지 않을 때 무엇을 할까?

스트레스로 지친 당신에게 필요한 알파파의 힘   **100**

뇌파를 자극하면 신체 능력이 달라진다? I 주의력이 높아졌을 때 세타파가 나타난다 I 세타파의 리듬을 타면 성적이 올라간다 I 토끼는 200번 반복하면 기억한다 I 기분 전환만 해도 뇌의 성능이 올라간다 I 그래도 가끔은 매너리즘이 필요하다 I 직장에서 써먹을 수 있는 스트레스 해소법 I 상황에 맞는 최적의 뇌를 찾아라

적게 먹을수록 뇌는 똑똑해진다   **112**

'헝그리 정신'이 과학적인 이유 I 인간의 유전자에 새겨진 언어 창조 능력 I 단맛과 쓴맛의 정도가 사람마다 조금씩 다른 이유 I 전 세계에서 통하는 언어

당신의 기억은 왜곡되었다   **119**

대충할 거라면 시작하지도 말 것 I 떠올릴수록 왜곡되는 기억 I 기억과 항생물질의 기이한 관계 I 영원한 기억은 존재하지 않는다 I 잊으려고 술을 마시면 더 또렷해지는 아이러니

PART 3

살찔 걱정 없이 먹게 될 날이 온다   128
배가 부른데도 멈출 수 없는 까닭은 | 혈관이 늙으면 몸도 병들기 시작한다 | 몸에 나쁠수록 맛있어지는 음식의 진리 | 기억력을 높이는 약도 출시될까?

쾌락보다 공포나 불안을
강하게 느끼도록 설계된 인간   135
무지개의 색깔은 일곱 가지가 아니다 | 습관적으로 거짓말하는 뇌 | 지도에는 자신의 집을 가장 크게 그린다 | 선입견과 편견으로 똘똘 뭉친 뇌 | 동물도 감정을 느낄까? | 우리는 부정적인 감정에 취약할 수밖에 없다

술은 정말 스트레스 해소에 도움이 될까?   143
당신은 언제든 스트레스에서 벗어날 수 있다 | 어차피 마실 거라면 넋 놓고 즐겁게 | 도망치는 것은 부끄럽지만 도움이 된다 | 뇌의 비효율적인 구조는 지하철과 비슷하다 | 술을 마시면 목소리가 커지는 이유

건망증이 심해도 의외로 괜찮은 이유   154
건망증은 나이 때문이 아니다 | 건망증과 치매의 차이점 | 기억을 떠올리는 뇌 작업의 신비 | 내 머릿속의 지우개를 없애고 싶다면 | 건망증은 건강하게 잊는다는 뜻

뇌는 행복해지기 위해 마음을 속인다　　　　　　　**161**

우리의 뇌는 '정신 승리'를 좋아한다 | 여자친구의 헤어 스타일이 바뀌어도 눈치채지 못하는 이유 | 너무 빠른 학습은 독이 된다

인간이 MBTI에 진심이 될 수밖에 없는 이유　　　　**169**

미신을 좋아하는 인간의 뇌 | 혈액형별 미신의 비밀 | 언젠가 한 가지 성씨만 남을지도 모른다 | 이름에 따라 운명이 바뀐다면

치매를 예방하기 위해 꼭 먹어야 하는 음식　　　　**178**

꾸준히 챙겨 먹어야 하는 이 영양소 | 세상에서 가장 비극적인 병 | 이 물질이 뇌에 쌓이기 시작하면 신경세포가 죽어간다 | 독으로 독을 제압하는 치료법 | 지금 당장 실천 가능한 치매 예방법

PART 4

당첨되지 않을 걸 알면서도 복권을 사는 심리　　188
사람들이 복권을 사는 이유 | 놀랍도록 정확한 인간의 감각 | 그리고 놀랍도록 엉성한 인간의 감각

규칙을 어기고 싶은 충동이 생기는 과학적 원인　　194
우는 사람만 보면 따라 눈물이 난다면 | 상대의 행위를 보고 반응하는 '거울 뉴런' | 인간에게 특별히 부여된 또 하나의 유전자 | MRI로 마음 상태도 찍을 수 있을까? | 인간에게 자유 의지가 존재할까? | 선택의 이유는 언제나 '그냥' | 그 사람은 왜 나를 좋아할까? | 범죄를 저지르는 뇌도 있다면 | 결국은 의지의 문제다 | 때론 산만함이 창의력을 만든다

뇌의 100퍼센트를 사용할 수 있다면　　212
우리는 뇌의 몇 퍼센트를 사용하고 있을까? | 인간의 몸은 10퍼센트로 충분하다 | 인간만큼 불리한 몸을 지닌 포유류는 없다 | 인간과 티라노사우루스가 가진 의외의 공통점

뇌과학으로 타인을 이해한다는 것   219

뇌는 말장난을 한다 ǀ 아기는 어떻게 웃는 걸까? ǀ 어이없는 실수에 헛웃음이 나오는 것은 과학이다 ǀ 심장을 보호하는 오른손잡이 유전자 ǀ 피아노 건반이 오른쪽으로 갈수록 고음인 이유

재충전이 필요한 당신에게, 가장 잘 쉬는 법에 대하여   229

하루 3시간만 자도 살 수 있다면 ǀ 인간의 생체 리듬의 주기는 25시간이다 ǀ 얕은 잠을 잘 때 꿈꾸는 이유 ǀ 잘 때 가위눌리는 의학적 이유 ǀ 매일 잠이 부족해서 피곤한 당신에게 ǀ 짧은 시간 안에 효과적으로 '꿀잠' 자는 유전자

맺음말   결국 뇌를 아는 것은 자신을 아는 것이다   240
참고 문헌   242

PART 1

뇌는 나이를 먹어도 계속 성장한다

젊은 뇌 유지하는 법

일반적으로 나이를 먹으면 뇌세포가 줄어든다고 알려져 있다. 그래서 사람들은 나이가 들어 머리가 잘 돌아가지 않는 것을 어쩔 수 없는 일이라고 생각한다. 하지만 최근의 뇌과학에 따르면 이 통설은 잘못되었다. 신경세포는 평생 계속해서 늘어날 수 있다. 물론 언제 어디서든 신경세포가 늘어나는 것은 아니다. 뇌 속에서도 특정한 장소의 신경세포만이 증식하는 힘을 지니고 있다. 그중에서 널리 알려진 것은 기억을 조절하는 부위인 해마의 신경세포다. 그렇다면 기억력과 신경세포의 증식은 깊은 관계가 있지 않을까. 이것을 뒷받침하는 세 가지 연구가 있다.

우선 미국 러트거스대학 소어스Soars 교수의 연구다. 그녀는 실험 쥐의 기억력에 대해 연구하며 두 가지 사실을 발견했다. 첫 번째로 새로운 사물을 학습하면 해마의 신경세포 증식 능력이 높아진다는 것, 그리고 기억력 테스트에서 높은 점수를 받은 쥐일수록 새로운 신경이 많이 생긴다는 것이다. 그다음 런던대학의 머과이어Maguire 교수는 독특하게도 런던의 택시 기사를 주시했다. 런던 시내의 도로는 거미줄처럼 복잡한데 택시 기사가 되려면 그 복잡한 도로를 모두 외워야만 한다. 머과이어 교수는 수많은 택시 기사의 뇌를 조사해 베테랑 운전사일수록 해마가 크다는 사실을 발견했다. 해마가 크다는 것은 그만큼 신경세포가 많이 증식했다는 증거다. 마지막으로 미국 프린스턴대학 굴드Gould 교수의 실험은 기억력과 신경세포의 상관관계를 증명하는데 결정적이었다. 실험 쥐의 해마에서 신경세포 증식 능력을 제거하자 그 쥐의 기억력이 급격히 떨어지는 모습이 관찰된 것이다. 다시 말해 신경세포의 증식은 학습에 필수적이라는 의미다.

    이런 일련의 연구들을 통해 기억력을 높이기 위해서는 신경세포의 증식 능력을 강화해야 한다는 사실을 알 수 있다. 가장 좋은 훈련 방법은 꾸준한 학습으로 뇌를 자극하는 것이지만 그 밖에 일상생활에서 새로운 자극을 추구하는 것 역시 효과적이다. 이를테면 적당한 운동을 하는 것, 새로운 사교 모임에 적극적으로 나가는 것처럼 말이다. 실제로 쥐를 사육하는 상자에도 쳇바퀴나 사다리 같은 새로운 자극이 되는 놀이기구를 넣어두면 신경세포의 증식이 매우 활발해진다. 덧붙여 스트레스를 피하는 것 또한 매우 중요하다. 유아의 경우에는 부모의 애정을 충분히 받는 것이 해마 신경세포의 증식에 큰 도움이 된다고 한다. 이어 굴드 교수가 발표한 다음의 논문의 내용 역시 상당히 흥미로운데 대인관계에서 우위를 차지할수록 신경세포의 증식력이 높아진다는 것이다. 직장 상사들의 뇌 신경세포 증식력은 언제나 나의 뇌보다 뛰어난 상태일 수밖에 없다는 뜻이다. 믿을 수 없겠지만 말이다. 앞으로 뇌의 건강을 생각한다면 상사 앞에서 겉으로는 굽실거릴지언정 속에서만큼은 약간 우습게 깔보는 것이 도움이 될지도 모르겠다.

뇌 일부를 잘라냈더니 생긴 놀라운 일

해마는 넓은 의미로 보면 대뇌피질의 일부다. 대뇌피질은 생물학적 진화 과정에서는 비교적 최근에 발달한 것인데 그중에도 새로 생긴 신피질과 약간 원시적인 고피질(구피질)이 있다. 해마는 그중에서 고피질에 포함되어 있는데 이것은 대뇌의 구석 쪽에 자리하고 있어 특별히 대뇌변연계라고 불린다.

대뇌 신피질은 의사 결정, 기억 저장, 행동 계획, 가치 판단 등과 같은 고차원적인 뇌 기능을 담당하고 있으며 다양한 종류의 세포가 여섯 층으로 이루어져 있다. 인간은 층수를 더욱 세분화할 수 있다. 이래저래 복잡하다는 의미이다. 반면 고피질에 포함된 해마는 2층으로 이루어져 있어 비교적 구조가 단순하다. 나를 비롯해 세계의 연구자들이 해마에 주목하는 이유다. 해마의 비밀을 알 수 있다면 그 지식을 통해 더 복잡한 신피질도 쉽게 이해할 수 있게 된다.

또 한 가지 중요한 것은 해마가 가진 독자적 기능이다. 해마라는 부위의 존재 자체는 아주 오래전부터 알려져 있었다. 그러나 해마, 히포캄푸스hippocampus라는 이름이 등장한 것은 비교적 최근의 일로 르네상스 후기의 이탈리아 해부학자 아란티우스Julius Caesar Arantius의 책에서 처음 사용되었다. 그 이름의 유래는 아란티우스도 밝히지 않아 확실치 않지만 몇 가지 설이 있다. 이를테면 히포캄푸스는 해마sea horse라는 의미이기도 하므로 해마가 꼬리를 말고 있는 형상과 비슷하다는 설도 있고 그리스 신화에 등장하는 바다의 신 포세이돈이 타는 바다 괴물 히포캄푸스의 꼬리와 비슷하기 때문이라는 이야기도 있다.

하지만 당시에는 뇌에서 해마가 어떤 역할을 하는지 밝혀지지 않았었다. 해마에 대해 처음으로 정확히 보고된 것은 1957년 스코빌Scoville과 밀너Milner의 논문이다. 이때 이것이 발표되기 4년

전인 1953년에 놀라운 한 사건이 발생한다.

    1953년 9월 1일, 미국 펜실베이니아의 한 병원에 H.M이 찾아온다. 그는 간질을 앓고 있었다. 그는 약으로는 치료할 수 없을 만큼 측두엽 간질이 상당히 악화한 상태였다. 검사 결과 간질 발작을 일으키는 부위가 아무래도 해마 주변인 것 같아 신경외과의 스코빌은 해마를 포함한 측두엽 안쪽의 상당 부분을 제거하는 외과수술을 실시했다. 수술은 성공적이었다. 2~3일 후 H.M의 의식은 정상으로 돌아왔다. 간질 발작이 완전히 사라진 것은 아니었지만 약으로 발작을 멈추게 할 수 있을 정도까지 개선되었다.

    그런데 전혀 예상치 못한 부작용이 발생했다. 해마를 잃은 H.M이 새로운 일을 기억할 수 없게 된 것이다. H.M은 수술 이전의 일은 모두 잘 기억하고 있었다. 자신의 이름도 알고 대화도 나눌 수 있고 판단력도 정상이었다. 오히려 수술 전에는 104였던 아이큐가 수술 후에는 112까지 높아졌다. 그런데도 새로운 일은 전혀 기억하지 못했다. 의사가 질문하면 즉시 신속하고 정확하게 대답했다. 그런데 날짜를 물어보면 언제나 1953년 3월이라고 답하였다. H.M의 뇌에는 새로운 기억이 남지 않고 수술 전의 시간에서 정지해버린 것이었다. 그는 바로 다음 날 의사가 다시 진찰할 때면 언제나 "처음 뵙겠습니다" 하고 말했다. 그의 기억은 하루는커녕 불과 몇 분밖에 유지되지 않았다. 본인은 언제나 꿈에서 막 깨어난 느낌이라고 말했다. 이런 증상을 통해 해마는 기억을 만드는데 중요한 역할을 한다는 것을 알 수 있었다.

여기서 주목해야 할 점은 오래된 기억은 남아있다는 것이다. 말하자면 해마는 기억을 만드는 데 중요한 역할을 하지만 기억을 저장하는 것은 아니라는 사실을 의미한다. 해마는 기억을 일시적으로 저장할 뿐이다. 해마에서 기억을 만들면 그 기억은 다른 부위에 장기 보관된다. 여기서 다른 부위란 아마도 대뇌피질으로 추측된다. 또 한 가지 중요한 점은 기억을 떠올리는 데도 해마는 중요하지 않다는 것이다. H.M을 보면 알 수 있듯이 해마가 없어도 유창하게 술술 말할 수 있고 오래전의 추억을 회상하는 것에도 전혀 문제가 없다. 해마는 어디까지나 뇌에 새로운 기억을 새기는 데 필요한 장소다.

훈련으로 기억을 강화할 수 있을까?

그럼 해마를 단련시키면 기억력이 높아질 수 있을까. 해마를 어느 수준까지 단련할 수 있는지는 정확히 알 수 없지만 기억력 향상에 영향을 주는 요인은 몇 가지 존재한다.

앞서 소개한 굴드 박사의 또 다른 실험에 의하면 쥐의 신경세포 증식 능력은 한 마리 기를 때보다 여러 마리를 함께 기를 때 크게 높아졌다고 한다. 암컷과 수컷을 섞어두면 그 효과가 더욱 커졌다. 여러 마리를 함께 사육할 때는 인간 사회와 유사하게 강한 쥐와 약한 쥐가 생겨났는데 이때는 인간과 마찬가지로 사회적 우위를 차지하고 있는 강한 쥐의 세포 증식 능력이 약한 쥐에 비해 더욱 높아짐을 확인할 수 있었다. 그밖에도 운동하는 것, 학습하는 것으로도 해마의 세포 증식은 더욱 활발해졌다.

이와 같은 실험 결과를 사람에게 적용할 수 있을지는 좀 더 신중하게 생각해야 할 것 같다. 이와 관련해 내가 개인적으로 기대하는 것은 해마의 신경세포가 증식 능력을 지닌 것을 이용해 뇌 질환을 치료할 수 있을지도 모른다는 것이다.

평생 스트레스받지 않는 뇌를 만드는 법

스트레스를 낮추는 방법 한 가지

한 해의 시작에는 누구나 스트레스를 받기 쉽다. 새로운 환경, 새로운 업무, 새로운 인간관계로 인해 많은 피로가 누적된다. 스트레스가 뇌에 해롭다는 것은 두말할 필요도 없다. 그 과학적인 이유도 비교적 명확하다. 몸이 스트레스를 느낄 때면 부신피질에서 생성되는 호르몬 코르티코스테론의 수치가 증가한다. 이 호르몬은 뇌에 필요한 것이긴 하지만 그 양이 너무 많으면 문제가 생긴다. 혈관을 통해 대량으로 뇌에 흘러들면 신경세포의 작용이 억제되어 기억력이 저하되거나 업무 능률이 떨어지는 등의 현상이 나타난다.

스트레스에 의한 능력 저하는 누구에게든 보편적으로 발생하는 현상이다. 그러나 최근의 뇌 연구는 스트레스로부터 뇌를 보호하는 것이 가능하다는 것을 보여준다. 신경생물학자 맥가우McGaugh는 '환경에 재빨리 적응하는 것'이 그 핵심이라고 이야기한다. 새로운 환경에 익숙해지면 설령 코르티코스테론에 노출되어도 능력은 저하되지 않는다. 뜻밖의 해결책이라는 생각이 들 수도 있다. 과학적으로 말하자면 스트레스에 익숙해지는 것은 일종의 '기억의 작용'이다. '현재의 환경을 스트레스로 느낄 필요가 없다'라고 뇌가 기억한 결과다.

심리학자 헨케Henke의 실험에 따르면 해마를 마비시킨 쥐는 새로운 환경에 제대로 적응하지 못하고 계속해서 강한 스트레스를 느낀다고 한다. 반대로 해마가 활발히 활동하도록 자극하면 스트레스는 빠르게 감소함을 확인할 수 있었다. 이 결과를 통해 우리는 스트레스에 적응하는 것이 해마의 작용, 즉 '기억'이라는 것을 더욱 확실히 알 수 있다. 스트레스는 기억력의 천적이지만 기억력 역시 스트레스의 천적이다.

기억력을 지키기 위해서는 당연히 스트레스를 피하는 편이 좋은데 일상 속에서 스트레스를 완벽히 피하기란 불가능한 일이다. 그렇기에 새로운 환경이라는 기억을 뇌에 빠르게 입력시켜 익숙한 상황으로 만드는 것이 바람직하다. 상황에 빠르게 적응하는 것이야말로 스트레스를 해소하는 현실적이고 현명한 방법이라는 이야기다. 그렇게 하면 스트레스에 대한 타격을 최소한으로 줄일 수 있고 더 나아가 기억력이 향상되는 선순환이 생겨난다. 이 선순환의 반복으로 뇌를 단련하면 누구나 적응력이 뛰어나고 스트레스에도 강한 뇌를 가질 수 있게 된다.

누구나 강철 멘탈이 될 수 있다

적응을 기억의 작용으로 해석하면 자연히 기억의 사령탑인 해마를 떠올리게 된다. 해마는 공포스러운 기억에도 중요한 역할을 한다. '공포 기억'에는 두 종류가 있다. 뭔가를 계기로 느끼는 공포 기억, 또 한 가지는 상황을 통해 느끼는 공포 기억이다. 자세히 설명하기 전에 먼저 쥐를 사용해 공포 기억에 대해 어떻게 실험하는지 살펴보자. 먼저 쥐를 케이지 안에 넣는다. 그 케이지의 바닥에는 전류가 흐르는 금속 철망이 깔려있다. 쥐에게 일정 신호음을 들려준다. 전기 충격을 가하고 이를 반복한다. 그 쥐는 이후에 신호음만 들어도 부들부들 떨게 된다. 무서워하는 것이다. 이와 유사한 실험이 또 한 가지 있다. 이전의 실험처럼 쥐를 케이지에 집어넣은 뒤 이번에는 소리를 들려주지 않고 갑자기 전류를 흘리는 것이다. 그리고 다음 날 똑같은 케이지에 집어넣는다. 그러면 쥐는 케이지에 들어간 것만으로도 부들부들

몸을 떨게 된다.

소리에 대한 공포, 케이지에 대한 공포. 이 두 가지 반응은 언뜻 비슷해 보이지만 뇌에서는 전혀 다른 부위로 작용하고 있다. 소리만으로 몸이 떨리는 공포 기억은 '편도체扁桃体'라는 부위와 관계가 있다. 하지만 전류가 흘렀던 케이지에 들어가는 것만으로 부들부들 떠는 공포 기억은 '해마'와 관계가 있다. 가령 교무실에서 선생님에게 꾸중을 듣고 상처를 받은 뒤 멀리서 선생님의 목소리가 들리기만 해도 긴장하는 것은 편도체와 관련이 있다. 반면 선생님이 없는 교무실에 들어간 것만으로도 긴장하는 것은 해마와 관련이 있다는 것이다.

해마는 공포도 기억하지만 스트레스에 대처하는 기능도 담당하고 있다. 앞서 소개한 실험에서 전기 충격의 공포를 체험한 쥐를 케이지에 다시 집어넣으면 처음에는 덜덜 떤다. 그러나 일정 시간 전류를 흘리지 않으면 머잖아 안정을 되찾는다. 이것은 공포가 사라졌다기보다 '무섭지 않다'라는 또 다른 기억이 공포 기억을 뒤덮은 상태라고 할 수 있다. 그 덕분에 스트레스가 줄어든다. 해마를 자극하자 스트레스가 해소되는 시간이 빨라졌다는 연구 결과도 있다. 해마가 활발히 활동할수록 스트레스에 대한 적응 속도는 빨라진다. 동시에 스트레스에 장시간 노출되면 해마의 세포가 줄어들어 스트레스를 이겨내지 못한다. 해마는 적당한 스트레스를 극복하면서 발달한다. 결국 반복해서 스트레스를 극복하며 해마를 발달시키면 더 강한 스트레스도 쉽게 극복할 수 있게 된다. 이제까지 평사원이었던 사람이 단번에 이사가 되면 그 중책에 따른 스트레스를 극복하기가 쉽지 않을 것이다. 그보다는 우선 평사원에서 계장으로 승진해 작은 스트레스를 극복하고 다음에 과장이 되어 다시 스트레스에 익숙해지는 과정을 거치면 더욱 강한 스트레스에도 쉽게 순응할 수 있게 된다. 이처럼 스트레스를 극복하는 뇌는 천부적인 것이라기보다 오히려 점진적으로 키워나가는 것이다.

우울하고 불안할수록
뇌가 똑똑하다는 증거

뇌는 불확실성을 가장 좋아한다

　불안감이나 타성, 무기력은 직장인의 적이다. 영국 케임브리지대학의 슐츠Schultz 박사는 원숭이 실험을 통해 신경의 반응을 연구했다. 그는 뇌 안쪽에 깊숙이 자리한 중뇌中腦라는 곳에서 독특한 활동을 하는 세포를 발견했는데 이는 먹이에 활발하게 반응하는 신경세포였다. 박사는 먹이를 주기 직전에 빛으로 신호를 보냈다. 처음에 원숭이는 빛이 무슨 의미인지 몰랐지만 얼마 후 그것이 먹이를 준다는 신호임을 알아챘다. 이른바 '파블로프의 조건 반사'로 알려진 패러다임이다.

　신호의 의미를 학습한 원숭이들의 신경세포는 더 이상 신호와 먹이에 반응하지 않았다. 이후 그들에게 신호만 보내고 먹이는 주지 않았더니 이번에는 신경의 활동량이 감소함을 확인할 수 있었다. 이 사실은 무엇을 의미하는 걸까.

슐츠 박사가 발견한 세포는 쾌락을 만들어내는 '도파민 뉴런'이라는 신경세포다. 먹이에 반응했다는 것은 원숭이가 기뻐한다는 것을 의미한다. 하지만 신호의 의미를 알아챈 뒤에는 신호를 볼 때마다 먹이를 받는 것을 당연하게 생각하게 된다. 이제는 먹이를 받아도 기뻐하지 않는다. 게다가 신호를 봤는데도 먹이가 나오지 않으면 실망하기까지 한다. 우리도 첫 월급에 얼마나 기뻐했는지 그리고 감봉에 얼마나 낙담했는지 생각해 보면 원숭이의 신경 반응을 충분히 이해할 수 있을 것이다. '도파민 뉴런'은 집중력이나 의욕을 유지하는 데 중요한 작용을 한다. 그렇다. 뇌에는 매너리즘이 독이다. 새롭고 신선한 기분을 잊어버리면 뇌는 더 이상 활성화되지 않는다.

자신의 주변을 한번 돌아보자. 당연하게 생각하고 있는 것들이 얼마나 많은가. 비단 월급뿐만이 아니다. 평소에 얼굴을 대하는 동료나 고객과의 대화, 연일 반복되는 단조로운 업무, 출퇴근 길의 풍경, 가족이나 연인의 존재. 매너리즘은 뇌의 천적이다. 지금의 생활에 익숙해진 사람은 이것을 계기로 반성해 보는 것도 좋지 않을까 싶다. 세상은 자극적인 일들로 넘쳐나는데 '완전히 익숙해진 뇌'는 그것을 알아채지 못하고 있다.

슐츠 박사가 발표한 또 다른 논문 역시 흥미롭다. 신호와 먹이의 관계에 확률을 사용한 것이다. 빠짐없이 먹이를 주면 100퍼센트, 한 번도 먹이를 주지 않으면 0퍼센트로 신호를 설정한 뒤 박사는 그 확률을 여러 가지로 바꿔보았다. 그 결과 도파민 뉴런은 확률이 50퍼센트일 때 가장 활동적이었다. 이쪽도 저쪽도 아닌 상태일 때 가장 큰 쾌락을 느끼는 것이다. 뇌라는 것은 불확실성을 즐기도록 만들어져 있다. 스포츠나 게임이 즐거운 것은 불확실성을 내포하고 있기 때문이다. 추리소설도 미리 결말을 알면 재미가 없다. 어쩌면 사람이 세상을 살아갈 수 있는 것도 미래가 불확실하기 때문인지 모른다. 손바닥 보듯 뻔한 삶은 뇌를 망칠 수 있다. 역설적이지만 미래에 대한 불안이야말로 뇌에게는 최대의 영양분인 셈이다.

물론 불안감이 심하면 트라우마가 되거나 우울증에 빠질 수 있다. 하지만 불안감이 전혀 없는 것도 문제다. 동기 부여가 사라지기 때문이다. 불안은 주로 편도체에서 만들어지나 그 이외의 몇몇 뇌 부위도 불안과 밀접하게 연관되어 있다. 예를 들어 대뇌피질의 전두엽 우측의 일부가 파괴되면 고민이 사라져버리는 약간 특이한 장애가 나타난다. 고민은 미래를 예측하는 것에서 생겨나고 그 예측은 경험을 바탕으로 계산된다. 거기에는 두 가지 요소가 필요하다. 하나는 과거를 기억하는 것이고 다른 하나는 미래를 예상하는 것이다. 미래를 예상해 계획을 세우거나 결정을 내리는 뇌 부위가 바로 이 전두엽이다. 그렇기에 전두엽이 손상되면 미래를 예측할 수 없어 고민이 사라져버린다.

고민이 사라진다고 하면 좋은 게 아닐까 생각할 수도 있겠지만 사실은 비참한 일이다. 고민이 없는 사람은 사회에 적응하면서 정상적으로 생활할 수 없다. 아무것도 고민하지 않는 데서 생겨난 단순한 명랑함과 고민한 끝에 생겨난 명랑함은 엄연히 다르다. 고민하지 않는 사람은 기억력도 저하된다. 원래 기억은 미래의 자신을 위해 존재하는 것이다. 미래에 대한 계획이 없는 사람에게는 기억이 불필요하다. 다만 그 인과 관계는 아직 명확하지 않다. 고민하지 않기 때문에 기억할 수 없는 것인지 아니면 기억할 수 없기에 예측도 불가능하고 고민도 없는 것인지. 어느 쪽이든 그런 사람은 사회에 적응하며 살아가기 어렵다.

흔히 불안에는 부정적인 이미지가 따라붙지만 사실 불안은 인간이 생명을 유지하기 위한 필수 요소다. 계획은 인생의 예행연습이다. 미래를 예측할 때 불안이 생겨나는 것도 그 때문이다. 장래에 어떤 일이 일어나리라고 예상해 몇 가지 선택지를 준비하고 그에 대한 대처법을 생각하는 것이 바로 예측이자 계획이다. 그렇게 생각하면 불안은 진지하게 미래를 설계했다는 증거라고 할 수도 있다.

'아프지 않다'고 되뇌면 달라지는 것들

봄은 생명이 움트는 계절이다. 매서운 겨울을 무사히 넘긴 식물이 고개를 내밀고 동물들이 야산을 뛰어다니기 시작한다. 인류에게도 봄은 겨울보다 따뜻하고 여름보다 시원하고 가을보다 비가 적어 일 년 중에서 가장 쾌적하게 보낼 수 있는 시기다. 하지만 직장인들에게 봄은 마냥 즐겁기만 한 계절은 아닌 것 같다. 바쁜 연말연시를 보내고 나면 곧이어 새로운 환경에 익숙해져야 한다. 봄이 되면 이른바 '5월 병'이라는 말이 종종 화제로 떠오른다. 의학적으로 보면 그것은 질병이 아닌 증상으로 새로운 사회에 제대로 적응하지 못하고 우울증이나 무기력감에 빠진 상태를 가리킨다. 물론 5월뿐만이 아니라 언제든 일어날 수 있는 증상이지만 역시 새로운 일이 시작하는 시기에 빈번하게 나타난다. 특히 성실한 사람일수록 그런 증상에 잘 빠진다고 한다. 최근에는 5월 병에 걸리는 비율도 높아졌을 뿐만 아니라 그 연령층도 다양해지고 있다.

원인은 여러 가지다. 새로운 환경에 스트레스를 받거나, 환경에 익숙해지려고 애쓰다 지치거나, 목적이나 희망을 잃어버렸을 때 5월 병에 걸리기 쉽다. 하지만 마음과 관련된 문제인 만큼 그 인과 관계를 간단히 특정할 수 없는 경우도 많다. 이런 마음의

병은 과학적으로 다루기도 쉽지 않다.

이와 관련해 웨이거Wager 박사는 플라세보placebo 효과에 주목했다. 박사는 피험자의 손목에 열 자극을 주고 뇌가 통증을 느낄 때의 활동 상태를 기능성 자기공명영상fMRI 장치로 관찰해 보았다. 그 결과 시상하부나 대뇌피질의 일부 등 이미 잘 알려진 '통각 경로'가 활성화된다는 것을 확인했다. 다음에는 진통제를 바르고 똑같은 실험을 반복했다. 하지만 여기에는 약간의 함정이 있었다. 피험자에게는 비밀로 했지만 그 진통제에는 아무런 유효 성분도 들어 있지 않았다. 가짜 약인 것이다. 결과는 어떻게 나왔을까. 놀랍게도 가짜 약을 바르자 통각痛覺 경로가 활성화되지 않았다. 통증을 느끼지 않은 것이다. 그리고 열 자극을 받기 직전에 전두전야前頭前野라는 뇌 영역이 활동한다는 것을 알 수 있었다. 전두전야는 마음이나 의사를 만들어내는 장소다. "약을 발랐으니까 아프지 않을 거야"라는 믿음은 통증을 차단한다. 마음이 통각까지 조절하는 것이다.

결국 마음을 어떻게 먹느냐가 중요한 것이다. 만약 업무로 지쳤다고 느껴지면 무리하게 애쓰기보다 잠시 느긋한 시간을 보내거나 취미 생활을 즐기면서 본래의 자신을 되찾는 것이 좋다. 이때 중요한 점은 지나친 책임감이나 초조함을 느끼지 않는 것이다. 마음을 편하게 유지하는 것이 포인트다. 그 점만 유의한다면 누구나 화창한 봄날 같은 평온한 기분을 가질 수 있을 것이다.

나약해서 우울한 거라는 무지한 착각

일본 인구의 3퍼센트가 우울증 환자라고 한다. 아니, 그보다 더 많다는 주장도 있다. 우울증은 누구나 평생에 한 번쯤은 걸리는 질병으로 이른바 마음의 감기라고 말하기도 한다. 그 정도로 우울증은 흔한 질병 중 하나다. 여기에 덧붙이고 싶은 것은 우울증 자체는 특이한 질병이 아니라는 점이다. 그럼에도 불구하고 사람들은 여전히 우울증에 대해 크게 오해하고 있다. 특히 일본에서는 우울증 같은 정신 질환에 대해 유난히 편견이 심하다.

우울증에 걸린 사람에 대해 정신적으로 나약하다고 판단하는 것은 이를테면 다른 아이들은 나눗셈을 잘하는데 자기 아이는 나눗셈을 못할 때 노력이 부족하다고 아이를 꾸짖는 것이나 마찬가지다. 일본에는 아직도 남과 다른 것을 결함으로 간주하는 경향이 있다. 평균에서 벗어나지 않는 것을 미덕으로 여기는 사회적 분위기가 집단의 질서라는 측면에서는 좋을지 몰라도 그 평균을 기준으로 남을 판단하는 것은 부적절하다.

앞서 말했듯 우울증에는 플라세보가 효과적이다. 플라세보는 가짜 약을 일컫는 말로 라틴어 'placere(기쁨을 주다)'가 그 어원이다. 실제로 의사가 "이 약은 상당히 효과적입니다"라며 우울증 환자에게 플라세보를 건네주면 70퍼센트는 낫는다고 한다.

뇌의 화학적 상태를 바꾸는 플라세보

플라세보는 우울증 같은 마음의 병뿐만 아니라 통증에도 효과적이다. 앞서 언급한 논문의 내용이 그것이다. 통증은 하등동물도 지닌 원시적인 감각이다. 통증은 보통 뇌로 쉽게 전달된다. 경로 중간에 어떤 방해나 장애물이 없기 때문이다. 그런데 플라세보로 대뇌피질의 통각 신경이 활동하지 않게 된다니 놀라운 일이다.

이와 유사한 작용을 하는 약물이 모르핀이다. 모르핀은 통증의 경로를 중간에 차단하는 진통제다. 정보가 뇌로 전달되기 전에 중간에서 차단하기 때문에 진통 효과가 좋은 것이다. 모르핀은 마약의 일종이므로 부정적인 이미지가 있는데 실제로는 굉장히 긍정적인 측면에서 다방면으로 사용된다. 우리도 실험할 때 쥐에게 모르핀을 사용한다. 실제로 사용해보면 알 수 있겠지만 모르핀에 의한 중독 증상이 나타나기까지는 상당한 양을 투여해야 한다. 물론 진통을 목적으로 사용할 때는 극히 수량으로 충분하므로 중독을 걱정할 필요는 없다. 모르핀은 그리스 신화에 등장하는 꿈의 신 모르페우스Morpheus에서 유래한 말이다. 마치 꿈처럼 무통 상태로 만들어주기 때문이다.

모르핀 같은 이른바 오피오이드(뇌 호르몬의 일종)계의 진통 효과와 플라세보의 진통 효과는 통증이 뇌에 전달되기 전에 미리 차단된다는 점에서 거의 비슷하다. 우울증에도 플라세보가 효과적인 것은 단지 진짜라고 믿었기 때문이라기보다는 그 믿음이 뇌의 화학적 상태를 바꾸었기 때문이라고 설명하는 것이 더 적절하다. 또 우울증은 노력이나 근성이 부족하기 때문이 아닌 타고난 기질적인 문제에서 주로 비롯됨을 알아두어야 한다.

우울증과 해마의 새로운 관계

우울증 치료제에는 다양한 종류가 있다. 그중에서 보편적인 약으로는 이미프라민Imipramine이나 데시프라민Desipramine 같은 '삼환계tricyclic 항우울제'가 있는데 이 종류의 약은 한두 달 복용하면 효과가 나타난다. 삼환계 항우울제는 세로토닌serotonin이나 노르아드레날린noradrenaline 같은 신경 전달 물질에 작용한다. 신경 전달 물질에 작용하는 또다른 약물로는 조현병에 자주 사용되는 클로르프로마진Chlorpromazine이나 할로페리돌Haloperidol 같은 정신 안정제가 있다. 이는 주로 도파민에 작용하며 부수적으로는 세로토닌이나 노르아드레날린에 영향을 준다.

뇌 질환은 신경 전달 물질의 균형이 깨지면서 발생한다. 삼환계 항우울제든 정신 안정제든 뇌의 한 부위가 아닌 다수의 표적에 작용하면서 전체적인 균형을 잡아주는 방식으로 효과를 발휘한다. 그 때문에 한 부위에만 효과가 있는 약으로는 뇌 신경 전달 물질의 균형을 되살릴 수 없다고 여겨지는 것이 통설이었다. 그러던 차에 세로토닌의 신호에만 작용하는 'SSRI(선택적 세로토닌 재흡수 억제제)'가 등장했다. 요즘 사람들은 어쩌면 이 약의 이름이 더 익숙할지도 모르겠다. 뇌 전체의 균형을 맞추는 것이 아닌 세로토닌의 신호에만 효과가 있는 약으로 우울증을 치료할 수 있다는 점에서 놀라운 발견이었다. SSRI는 그 명칭대로 세로토닌이라는 뇌 물질이 신경에 재흡수되는 것을 억제하는 약이다. 즉 세로토닌이 신경세포에 오래 작용하면서 높은 효능을 거둘 수 있도록 설계된 것이다.

SSRI가 세로토닌에만 작용해 우울증을 치료한다면 세로토닌이 부족해지는 것과 우울증이 서로 관계가 있을지 모른다는 추측도 가능하다. 물론 우울증의 원인이 모두 세로토닌의 부족 때문이라고 단정할 수는 없다. 그러나 세로토닌의 부족으로 우울증에 걸리는 환자들이 분명히 존재한다.

그렇다면 우울증을 어느 정도는 예방할 수 있을지도 모른다. 세로토닌이 부족한 원인을 찾으면 되는 것이다. 상사에게 꾸지람을 듣고 그 스트레스로 세로토닌의 분비가 줄어든 것인지 혹은 별다른 계기 없이 뇌의 동요로 우연히 2, 3개월 정도 세로토닌이 부족했던 것인지. 세로토닌이 줄어들기 시작했다는 것을 안다면 약물 등으로 조기에 대처할 수 있다. 그러면 우울증 환자의 수가 많이 줄어들지 않을까.

세포는 일단 많이 만들어놓는 우리 몸 시스템

신경세포의 수는 처음 태어났을 때가 가장 많고 나이를 먹을수록 점점 줄어든다고 한다. 엄밀히 따지면 그것은 정답이 아니다. 물론 태어났을 때 가장 많은 것은 사실이지만 2세 정도까지 70퍼센트가 사라지고 그 뒤로는 거의 변화가 없다. 흔히 신경세포는 1초에 한 개씩 줄어든다는 말이 있는데 실제로는 그렇지 않다. 그것은 태어났을 때와 죽을 때의 신경세포 수를 그래프 상에서 직선으로 연결하면 서서히 줄어드는 것처럼 보이기 때문에 나온 이야기다.

　신경세포뿐만 아니라 생명체는 뭐든지 일단 많이 만들어놓고 그중에서 뛰어난 것만 생명 유지나 번식에 사용한다. 그 이외의 불필요한 존재들은 버림을 받거나 죽게 된다. 정자나 난자는 물론이고 면역세포도 마찬가지다. 뇌 역시 예외는 아니다. 네트워크를 제대로 만들지 못한 신경세포나 성능이 낮은 세포는 불필요한 존재이므로 제거된다.

나이 들어도 뇌 세포는 계속 생겨날까?

　2세 이후로 신경세포의 수가 변하지 않는다는 것은 역시 신기한 일이다. 예를 들어 인간의 몸은 피부의 세포도 장의 세포도 머리카락도 끊임없이 새로이 교체된다. 간장은 수술로 80퍼센트를 절제해도 몇 개월 뒤에는 원래의 크기로 복원된다.

　반대로 숫자는 적지만 처음 태어난 세포를 평생 사용하는 부위도 있다. 그 대표적인 것이 근육과 뇌의 신경세포다. 어째서 뇌는 계속 똑같은 세포를 사용하는 걸까. 이런 문제를 다룰 때는 역으로 생각하면 해답이 보이기도 한다. 즉 세포가 교체되면 곤란하기 때문이라고 생각해 보는 것이다. 만약 뇌세포가 사흘에

한 번씩 교체된다면 어떻게 될까. 뇌의 중요한 역힐 중 하나는 기억을 저장하는 것인데 만약 신경세포가 주기적으로 교체된다면 애써 저장한 기억들이 모조리 사라져버릴 것이다. 회사 경영에 비유하자면 기껏 업무에 익숙해진 경력 사원들을 모조리 내보내고 아무것도 모르는 신입 사원들로만 회사를 채우는 모양새다. 경력 사원의 숙련된 기술에 의존하는 편이 회사(뇌)로서는 더 유리하기에 이러한 시스템으로 진화한 것이다.

이것이 지금까지 신경과학계에서 통하는 상식이었다. 그런데 몇십 년 전 '뇌세포는 증식한다'라는 내용의 논문 하나가 세상에 등장했다. 당시 커다란 반향을 일으킨 그 논문에 대해 사람들은 반신반의했다. 논문의 내용은 해마 속의 치상회dentate gyrus라는 부위에서 신경세포가 증식한다는 주장이었는데 그 이후로 발전된 내용이 없어 서서히 잊혀 가는 중이었다.

그러다 어느 날 갑자기 포유류의 신경세포 증식에 관한 관심이 급증하기 시작했다. 쥐 실험을 통해 환경에 따른 신경세포의 변화를 발견했기 때문이었다. 조사해 보니 좁은 케이지에서 먹이와 물만 먹으며 외롭게 혼자 생활한 쥐와 쳇바퀴나 터널 같은 자극물이 많은 환경에서 생활한 쥐의 뇌세포 상태는 확연히 달랐다. 자극물이 많은 환경에서 생활한 쥐의 해마 세포 증식 속도는 그렇지 않은 쥐보다 2배쯤 빨랐다.

또한 쥐가 우울증 치료제를 복용하면 별다른 자극을 받지 않아도 해마 신경세포의 분열이 가속화되었다. 그와 반대로 쥐의 해마에 방사선을 투과시켜 신경세포의 증식을 억제하면 우울증 치료제가 효능을 발휘하지 못했다. 그때까지 세로토닌과 우울증이 관련이 있다는 것은 알려져 있었지만 그 두 가지가 정확히 어떤 식으로 영향을 주고받는지는 밝혀낼 수 없었다. 그러던 차에 해마라는 존재의 역할이 확인된 것이다. 이것은 커다란 진전이었다.

똑똑할수록 우울증에 잘 걸린다

이제는 쥐의 우울한 상태나 불안감, 또는 우울증 치료제의 효과 여부를 어떻게 조사하는지 살펴보자. 쥐를 새로운 사육 상자에 집어넣는다. 거기에는 먹이가 놓여 있다. 인간도 갑자기 새로운 환경에 처하면 왠지 마음이 불안해져 식욕이 생기지 않는다. 그것은 쥐도 마찬가지다. 그런데 우울증 치료제를 투여한 쥐는 새로운 환경을 접해도 평소처럼 음식을 먹었다. 불안한 상황에 놓인 시점부터 실제로 먹이를 먹기까지 걸린 시간을 그 쥐가 불안감을 느낀 시간으로 생각할 수 있다. 우울증 치료제를 투여해 그 시간이 짧아졌다면 치료제가 그만큼 불안을 제거했다는 의미이다.

또 한 가지 방법이 있다. 쥐는 육상동물이지만 개와 마찬가지로 상당히 헤엄을 잘 친다. 그러나 물을 그다지 좋아하지 않아 물속에 넣으면 필사적으로 출구를 찾으려고 한다. 그때 출구를 만들어주지 않으면 쥐는 스스로 포기하고 더 이상 헤엄을 치지 않는다. 그런데 우울증 치료제를 투여하면 포기하지 않고 계속 출구를 찾아다닌다. 이것도 앞서 소개한 방법과 마찬가지로 쥐가 헤엄치고 있는 시간, 다시 말해 포기하지 않고 계속 노력하는 시간을 측정함으로써 치료제의 효과 여부를 확인할 수 있다. 실제로 우울증 치료제를 투여하면 헤엄치는 시간이 길어진다고 전해진다.

긴장해야 할 상황에서도 식사할 수 있고 출구가 없는데도 계속 헤엄치는 것을 보면 우울증 치료제는 상황을 낙관적으로 판단하게 만드는 것 같다. 하지만 다른 시각으로 보면 현재 상황을 알아채지 못할 정도로 감각을 마비시키는 약물이라고 할 수도 있다. 그러므로 우울증인 사람은 감각이 예민하다는 결론이 나오기도 한다. 정신적으로 건강한 사람은 눈앞의 일을 깊이 생각하지 않는다. 단순하게 묵묵히 일한다. 그런 의미에서 보면 우울증은 생각이 복잡하고 똑똑한 사람일수록 잘 걸리는 병인지도 모른다. 물론 이런 사고는 비약적인 논리이지만 여러 실험의 자료를 살펴보면 그런 특이한 결론도 생각해 볼 수 있다.

노력하지 않고 기억력 높이는 법

행운은 느긋하게 누워서 기다려라

정신없이 바쁜데도 자꾸 일감이 밀려든다. 자, 당신은 무엇을 희생해 시간을 짜낼 것인가. 이 질문에서 압도적으로 많았던 대답은 수면 시간을 줄인다는 것이었고 다음은 식사를 거른다는 것이었다. 이 결과는 건강보다 업무를 우선시하는 사회인들의 모습을 보여준다. 과연 그렇게 몸을 혹사하는 상황에서 효율적인 업무가 가능할까. 펜Fenn 박사와 워커Walker 박사의 논문은 안이하게 수면 시간을 줄이는 것에 대해 경고한다. 논문의 결론인즉 수면도 일종의 학습으로 우리의 업무 효율을 높이는 작용을 한다는 것이다. 그 내용에 대해 자세히 알아보자.

펜 박사는 부정확한 발음을 듣고 원래의 단어를 추측하는 청취 테스트를 실험에 활용했다. 처음에는 다들 어려워하지만 한 시간쯤 훈련하면 정답률이 부쩍 높아진다. 그러다 훈련을 중단하면 곧바로 성적이 떨어진다. 가령 아침에 한 시간을 훈련하면 그날 밤에는 정답률이 3분의 1까지 떨어졌다. 그것은 자연스러운 일이다. 시간이 흐를수록 기억은 희미해지는 것이 당연하기 때문이다. 그런데 놀라운 결과는 다음 날 나타났다. 분명 어제저녁에는 3분의 1까지 떨어진 정답률이 다음 날 아침 재시험을 보자 3분의 2까지 회복된 것이었다. 이런 효과는 수면을 충분히 취한 사람에게만 나타났다. 수면은 희미해진 정보를 끌어내 기억을 보강하는 효과가 있었다.

여기서 새로운 의문이 생긴다. 어떤 기억이든 균일하게 강화되는 것인가, 아니면 특정한 기억만 선택되는 것인가. 이에 워커 박사는 피아노 건반의 키를 누르고 그 순서를 기억하게 하는 테스트를 진행했는데 여기서 유사한 순서를 연속적으로 암기시키면 학습 효율이 떨어지는 것을 발견했다. 이를테면 어떤 패턴을 암기하게 한 직후에 유사한 다른 패턴을 암기시키면 처음의 패턴을 잘 기억하지 못했다. 이것은 '기억의 간섭' 현상이다. 일상에서도 기억의 간섭은 흔히 일어난다. 비슷하게 생긴 얼굴이나 유사한 이름을 구분해 기억하기 어려웠던 경험은 누구에게나 있을 것이다.

워커 박사는 기억이 간섭을 받으면 마지막에 기억한 정보만 수면 중에 강화된다는 사실을 발견했나. 가장 최근의 기억만이 강화되는 것이다. 박사의 논문에는 또 다른 중요한 내용이 등장하는데 유사한 내용을 암기하는 경우라도 시간 차를 두면 간섭이 발생하지 않는다는 것이었다. 유사한 정보라도 학습하는 시간대가 6시간 이상 떨어져 있으면 수면은 그 기억을 균등하게 강화한다. 이것은 반가운 소식이다. 학습 간격을 충분히 두면 혼동되는 정보도 정확히 기억할 수 있다. 유사한 정보를 뇌에 보낼 때는 뇌가 혼란스러워하지 않도록 충분한 시간을 두고 학습하면 된다. 학습 계획을 세울 때 이 연구 결과를 참고하도록 하자. 물론 수면을 충분히 취하는 것 역시 잊지 말아야 한다. 행운은 느긋하게 누워서 기다리라는 말이 있다. 열심히 학습했다면 이제는 편안하게 누워서 기다려보자.

노력하지 않고 기억력 높이는 법

꿈에 관한 재미있는 이야기 하나가 있다. 자기 직전에 좋아하는 사람을 떠올리면 그 사람이 꿈에 나타난다는 것이다. 이 이야기는 뇌과학적으로 어느 정도 일리가 있는 말이다. 꿈에는 잠들기 직전에 뇌에 입력된 정보들이 주로 나타나기 때문이다. 나 역시도 이 효과를 누리기 위해 잠들기 전에는 항상 책을 읽거나 영어 회화를 공부한다. 만약 잠자는 동안에 뇌가 자동으로 기억을 강화한다면 의식적으로 노력할 필요도 없어지므로 그보다 좋을 수는 없을 테니 말이다.

    수면을 적절히 활용하는 방안은 예전부터 나왔던 이야기다. 전날에는 아무리 고민해도 아이디어가 떠오르지 않았는데 하룻밤 정도 지나자 문득 좋은 생각이 떠오르는 경우가 있다. 이것도 수면의 효과라고 할 수 있다. 이런 수면의 효과를 '레미니센스reminiscence 효과'라고 한다. 레미니센스 효과에 관한 독일 뤼베크 대학의 버크넬Bucknell 박사의 재미있는 실험 하나를 살펴보자. 박사는 피험자에게 일정한 법칙이 숨겨진 숫자들의 나열을 보여주고 다음 빈칸에 들어가는 숫자를 맞추게 했다. 나 역시 그 문제를 풀어보려 했었는데 과학자인 나에게도 꽤 어려운 난이도의 문제였다. 버크넬 박사는 사람들에게 전날 밤 문제를 보여주고 다음 날 정답을 말하게 했다. 이때 수면을 충분히 취한 사람과 밤을 새운 사람으로 나누어 실험을 진행했는데 잠을 충분히 잔 사람이 다른 사람들보다 3배 가까운 정답률을 보였다고 한다. 박사는 그 실험을 통해 '수면은 기억을 재구성해 지식을 추출하고 영감을 준다'라는 결론을 내렸다.

수학은 한번에, 영어는 조금씩 단계별로

'기억의 간섭'에 대한 이야기를 더 이어가 보겠다. 꿈속에서는 뇌가 여러 가지 정보를 연결하거나 떼어내는 식으로 기억을 편집해 재현한다. 그때 유사한 정보들은 마구 뒤섞여 기억이 왜곡되는 경우가 발생하기도 한다. 기억이 뒤바뀐 경험은 누구에게나 있을 것이다. 뭔가를 학습할 때는 그런 일이 일어나지 않도록 시간적 간격을 충분히 두는 것이 좋다. 앞서 언급했듯이 워커 박사의 논문에서는 유사한 정보라도 학습 시간대가 6시간 이상 떨어져 있으면 괜찮다고 한다. 또 기억의 종류에 따라 학습 계획을 바꾸는 것도 중요하다. 논리성이 높은 수학 같은 과목은 단번에 습득하는 것이 좋다. 반대로 영어 같은 암기 과목은 매일 조금씩 공부하는 것이 학습 효과를 더 오래가게 할 수 있다.

답답할 때 담배를 찾게 되는 이유

담배를 끊는 사람과 끊지 못하는 사람의 차이

미국의 소설가 마크 트웨인은 이렇게 말했다. "담배를 끊는 건 쉬운 일이다. 나도 수백 번이나 끊었으니까." 이 말은 담배가 지닌 중독성 잘 보여준다. 흡연자의 수는 세계적으로 줄어들고 있지만 여전히 일본의 성인 흡연율은 30퍼센트에 달한다.

흡연자가 담배를 찾는 이유는 니코틴이라는 알칼로이드alkaloid 성분 때문이다. 폐에서 흡수된 니코틴은 혈류를 따라 중추신경계에 도달해 아세틸콜린 수용체의 일종인 니코틴 수용체에 작용한다. 이 수용체는 신경세포에 플러스 이온을 유입시키는데 이것이 신경세포를 흥분시킨다. 니코틴은 뇌에 쾌락을 안겨주는 동시에 담배 중독을 유발한다. 흔히 세상에는 니코틴의 나쁜 측면만 강조되고 있는데 사실 바람직한 작용 효과도 적지 않다. 니코틴은 뇌를 각성시켜 집중력을 강화하는 기능이 있어 기억력을 높여준다. 파킨슨병의 증상을 개선하는 효과도 있으며 알츠하이머병 같은 인지증認知症 환자에게도 도움이 된다. 니코틴이 뇌에 미치는 영향을 연구하는 것은 뇌 질환을 치료하는 데 유용한 정보가 될 가능성도 있다.

최근 수년간 뇌과학계에서는 니코틴이 뇌에 작용하는 원리가 큰 화제로 떠올랐다. 니코틴 수용체는 서브유닛(기본 구성 단위)의 집합으로 이루어져 있다. 일반적으로 알려진 서브유닛은 16가지로 제각기 다른 유전자로 불리고 있는데 그 조합을 통해 다양한 패턴의 니코틴 수용체가 구성된다. 그중에서 니코틴 중독과 관련된 것은 알파4와 베타2의 조합으로 이루어진 수용체다. 프랑스 파스퇴르연구소의 샹주Changeux 박사도 베타2 유전자가 없는 쥐에게는 니코틴 기호성이 나타나지 않는다고 보고했다. 그 논문의 내용을 살펴보면 다음과 같다. 두 갈래로 갈라진 미로가 있다. 여기서 쥐가 특정한 길을 선택하면 센서가 감지해 자동으로 뇌에 니코틴을 주입한다. 이 행동을 여러 번 반복하자 결국 쥐는 니코틴이 주입되는 길만 선택하게 되었다. 니코틴 의존성이 생긴 것이다. 그런데 여기서 베타2가 결여된 쥐를 투입하자 니코틴이 주입되는 길을 선택할 확률이 50퍼센트로 낮아졌다. 양자택일의 실험이므로 그 쥐에게는 니코틴 의존성이 없다는 결론을 내릴 수 있었다.

샹주 박사는 또 다른 중요한 연구 결과를 발표했는데 베타2 유전자가 없는 금연 쥐의 복측피개腹側被蓋 뇌 영역에 베타2 유전자를 주입하자 그 쥐는 다른 쥐들과 마찬가지로 니코틴 기호성을 갖게 되었다는 사실이었다. 즉 니코틴 의존성은 복측피개 영역에서 생겨난다는 것이다. 그런데 복측피개 영역은 마약이나 각성제, 더 나아가 식사나 섹스 같은 일상적인 쾌락 행위와 깊이 관련된 부위로 알려져 있다. 복측피개 영역에 존재하는 도파민성 신경세포의 활동이 뇌에 쾌감을 안겨주는 것이다. 니코틴이 그 도파민성 신경을 활성화한다는 사실이 밝혀지면서 니코틴 중독이 복측피개 영역의 도파민 때문이라는 사실도 확인되었다.

캘리포니아 공과대학의 레스터Lester 박사의 연구 성과도 상당히 흥미롭다. 레스터 박사는 베타2가 아닌 알파4 유전자에 주목했다. 그는 알파4 유전자 중 일부를 변이시켜 이온의 통행이 원활한 니코틴 수용체를 만들었다. 이온의 통행이 원활하다는 것은 신경세포를 효율적으로 활성화할 수 있다는 뜻이다. 이렇게 변이된 알파4 유전자를 쥐에게 주입하자 쥐는 낮은 농도의 니코틴에도 민감하게 반응하면서 강한 니코틴 기호성을 보였다. 결론적으로 알파4 중 일부가 변이하면 평균보다 쉽게 니코틴에 중독되었다.

그런데 인간의 알파4나 베타2에는 '유전자 다형^{多型}'이 존재한다. 변이된 알파4나 베타2를 갖고 태어나는 사람이 있다는 말이다. 유전자 다형과 니코틴 중독은 아무래도 뭔가 관계가 있어 보인다. 실제로 담배를 피워서 암에 걸리는 사람과 그렇지 않은 사람이 있다. 또 좀처럼 담배를 끊지 못하는 사람과 쉽게 끊는 사람이 있다. 담배를 그저 습관적으로 피는 사람도 있는가 하면 담배를 끊으면 금단 증상이 심각한 사람도 있다. 똑같은 담배인데도 사람마다 이렇게 다른 것은 유전자가 다르기 때문이다.

누군가에게는 독, 누군가에게는 약

1990년대 후반부터 '약물 유전체학'이 주목을 받고 있다. 그 배경에는 약은 만능이 아니라는 인식이 자리하고 있다. 아무리 좋은 약이라도 모든 사람에게 효과가 있는 것은 아니다. 의약품은 아무리 좋아도 전체 환자 중 75퍼센트 정도에만 효과적이다. 일반적인 약물의 경우에는 50퍼센트도 되지 않는다. 사람에 따라 효과가 다르다는 것이다. 부작용도 마찬가지다. 똑같은 약을 똑같이 처방해도 어떤 환자에게는 부작용이 심할 수 있다. 유전자의 차이 때문이다. 현재는 개개인의 약물에 대한 감수성의 차이를 고려해 치료하는 방향으로 나아가고 있다.

그런데 곰곰이 생각해 보면 동양 의학은 예전부터 그런 식으로 치료했다. 한방에서는 음양허실陰陽虛實이나 삼음삼양三陰三陽 등을 지표로 환자의 체질을 분류하고 그에 따라 처방을 내린다. 예컨대 갈근탕이나 소시호탕은 감기를 낫게 하는 효능은 비슷하나 그 성분이 다르다. 의원은 환자의 체질을 파악해 둘 중 더 잘 맞는 것을 골라 처방한다. 이처럼 중국은 예전부터 맞춤 의료를 시행했다고 말할 수 있다. 지금은 유전자라는 실체가 명확해졌기 때문에 보다 과학적으로 맞춤 의료를 시행할 수 있게 되었다.

유전자만큼이나 중요한 것이 환경 인자다. 평소에 음주와 흡연이 잦은 사람은 특정한 간장 효소가 활발히 움직이고 있다. 알코올이나 니코틴을 빈번하게 분해해야 하기 때문이다. 그런 사람은 약물을 복용해도 간장에서 금방 분해되기 때문에 제대로 약효를 보지 못하는 경우가 발생하기도 한다. 그러므로 환자를 볼 때는 유전자뿐만 아니라 환경이나 생활 습관도 충분히 고려해야 한다.

유전자는 모든 것을 알고 있다

환경 인자와 유전자 정보를 동시에 얻을 수 있는 지표가 있다. 바로 신진대사의 상태다. 신진대사의 상태가 각기 다른 쥐를 대상으로 한 실험에 따르면 신진대사 상태에 따라 소변의 성분이 달라짐이 확인되었다. 그 소변의 성분을 분석한 뒤 아세트아미노펜acetaminophen이라는 해열제를 투여하고 간장 독성 같은 부작용을 조사했더니 소변 성분과 간장 독성은 무관하지 않다는 것을 알 수 있었다.

다시 말해 약을 투여하기 전에 소변의 상태를 보면 부작용이 있을지 없을지 예측이 가능하다. 물론 소변이 아닌 혈액이나 대변, 피부, 모발을 조사해도 부작용 여부를 미리 알 수 있다. 이처럼 유전자 이외에도 다양한 정보를 활발히 활용한다면 약물 부작용 사례를 크게 줄일 수 있을 것이다.

인간을 인간답게 만드는 비밀은 뇌에 있다

뇌과학이 바라보는 생물과 무생물의 차이

언뜻 평범해 보이는 주사위 모양의 하얀 물체. 미국 코넬대학의 립슨Lipson 박사가 그 물체를 발표하자 세계는 충격에 휩싸였다. 그 물체는 전동 로봇이다. 하지만 단순한 로봇이 아니다. 자신과 똑같은 물체를 만들어낼 수 있는 로봇이다. 그것이 충격적인 이유는 생명의 존엄과 관련된 일이기 때문이다.

생물과 무생물의 경계는 무엇일까. 일반적으로는 번식의 가능 여부로 구분한다. 생물로 분류되는 것들은 모두 자기 복제를 한다. 반면 다이아몬드나 고급 차는 아쉽게도 자가증식을 하지 못한다. 그런데 립슨 박사가 자가증식하는 로봇을 만든 것이다. 그 로봇은 한 변이 10센티미터인 정육면체의 조합으로 이루어져 있다. 주사위 모양의 각 부품에는 데이터 송수신 센서와 전자석이 설치되어 다른 부품과 자유롭게 결합하거나 해체할 수 있다. 영상 자료를 보면 그 로봇은 스스로 이리저리 몸을 움직여 주위의 부품으로 자신과 동일한 시스템을 지닌 로봇을 조립한다. 소요 시간은 몇 분 정도다. 새로 태어난 자식 로봇도 손자 로봇을 만들 수 있으므로 이론적으로는 영원히 증식할 수 있다. 그럼 그 로봇은 생물인가. 립슨 박사는 논문의 끝에 "자기 복제는 기계도 가능한 행위이므로 생물 고유의 특성이 아니다"라고 기술하고 있는데 이는 상당히 어려운 문제다.

사실 조금만 둘러보면 자기 복제와 생물의 관계가 모호하다는 것을 알 수 있다. 예를 들어 노새는 말과 당나귀 사이에서 태어나는데 번식 능력이 없어 2세는 태어나지 못한다. 그렇다면 자기 복제 능력이 없는 노새는 무생물이라고 해야 할까. 좀 더 가까운 예로 불임 부부가 있다. 요즘에는 신혼부부 중 20퍼센트가 불임이라고 한다. 그런데 립슨 박사의 논리에 따라 그 부부들이 생물이 아니라고 한다면 누구도 수긍할 수 없을 것이다.

그렇다면 뇌과학에서 생물과 무생물의 경계, 생명체의 지능과 인공적인 지능의 차이점은 무엇일까. 여기에도 유사한 문제가 존재한다. 앞으로 가까운 미래에는 인간의 마음을 완벽히 모방한 인공지능이 나올지도 모른다. 그렇다면 이 인공지능은 의식을 지녔다고 말할 수 있을까. 이것은 영국의 수학자 튜링[A.

Turing이 아주 오래전 제시한 튜링 테스트의 본질과 상통하는 문제다. 생물과 무생물. 언뜻 단순한 이야기인 것 같지만 진지하게 고민해 보면 금방 한계에 부딪힌다. 특히 그 경계를 넘나드는 로봇 과학은 더욱 복잡하다. 생명공학뿐만 아니라 심리학, 종교학, 그리고 로봇에 대한 차별 문제까지 얽혀 있기 때문이다.

자동문도 생물이라고 할 수 있다?

로봇과 인간, 또는 인공지능과 뇌의 경계선은 무엇인가. 깊이 파고들수록 점점 더 어려워진다. 돌멩이는 무생물이고 인간은 생물이다. 그 차이를 만드는 것은 무엇일까. 일반적으로 알려진 정의는 앞서 기술한 것처럼 번식 가능한 것은 생물, 그렇지 못한 것은 무생물이다. 이 정의만으로는 불충분하다는 것도 이미 설명했다. 그렇다면 단백질 같은 유기물로 이루어진 것이 생물이라는 정의는 어떨까. 그렇게 되면 이미 생명력을 잃어버린 사체까지 생물이 되고 만다.

또 외부의 반응이나 환경과 상호 작용하는 것을 생물이라고 한다면 자동문 같은 것도 생물이어야 한다. 인간의 몸에는 대장균 같은 세균들이 있는데 사망한 뒤에도 그 세균들은 한동안 살아 있다. 사망한 직후라면 세균뿐만 아니라 몸의 세포들도 아직 살아 있다. 이런 세포들은 과연 생물이라고 할 수 있을까. 쥐의 뇌에서 신경세포를 빼내면 몸은 죽지만 신경세포는 영양만 공급하면 배양 용기에서 몇 달이나 살 수 있다. 그렇다고 이것을 생물이라고 할 수 있을까. 또 바이러스는 숙주 없이 번식할 수 없어 생물이 아니라는 정의도 있는데 사실은 단독 증식이 불가능한 생물도 많다. 기생충도 숙주가 있어야 번식할 수 있는 생물 중 하나다. 결론적으로 무엇이 생물인가 하는 기준은 상황에 따라 달라질 수 있다.

인공지능과 인간의 결정적 차이

뇌도 마찬가지다. 앞서 소개한 수학자 튜링은 벽 저편의 상대와 대화했을 때 그 상대가 컴퓨터라는 것을 알아채지 못한다면 그것은 인공지능으로 정의할 수 있다고 말한다. 사전에 '이런 질문을 받으면 이렇게 대답한다'라는 식의 자료들이 저장된 컴퓨터가 단순히 판에 박힌 대답만 했더라도 상대가 인간이 아니라는 사실을 알아채지만 못한다면 그것은 지능이 있는 존재로 봐야 한다는 것이다. 이것을 확대해석하면 모니터를 매개로 누군가와 체스 시합을 했을 때 대전 상대가 사실은 컴퓨터였다는 사실을 알아채지 못하면 그 상대를 지능이 있는 존재로 간주할 수 있게 된다.

뇌과학 분야에 종사하다 보면 인공지능과 인간의 지능의 차이에 대한 질문을 자주 받는데 나는 그것이 인공인지 아닌지를 구분하기보다는 오히려 생물과 인공물을 융합시키는 이른바 하이브리드hybrid 생명공학에 더 흥미를 느낀다. 최근 성행하는 연구 중 신경 보철학neural prosthetics이라는 분야가 있다. 간단히 말하자면 뇌에서 직접 신호를 받아 부족한 신체 능력을 보완하거나 혹은 기존의 능력을 강화하는 것이다. 실제로 수족이 마비된 환자에게 이 기술을 사용해 성공한 사례도 있다. 사고로 척수가 손상되어 전신불수가 된 25세 남성의 뇌에 96개의 작은 전극을 심어 넣는다. 전극이 들어간 부위는 대뇌피질의 제1차 운동 영역이다. 이곳은 손발의 움직임을 조절하는 뇌 부위인데 이 영역에 존재하는 신경세포 중 약 25개의 활동을 실시간으로 분석해 접속된 로봇의 손에 신호를 보낸다. 수개월간 훈련한 결과 환자는 자신의 뇌에서 전송한 신호를 통해 로봇의 손을 조작할 수 있게 되었다. 아직은 동작이 어색하지만 전신이 마비된 환자가 자신의 의지로 로봇을 움직일 수 있다는 사실은 커다란 발전이다. 또 그 환자는 컴퓨터의 마우스와 뇌를 연결해 텔레비전의 전원을 켜거나 이메일을 보내는 등 초보적인 조작도 가능하게 되었다.

이렇게 뇌와 컴퓨터를 연결하는 장치를 뇌 컴퓨터 인터페이스Brain Computer Interface라고 한다. 아직 상용화하기에는 이르나 신경 보철학이 임상 현장에서 유용하게 사용될 미래의 새로운 치료 분야임에는 분명하다. 신경 보철학은 의료 분야뿐만 아니라 컴퓨터 뉴로사이언스라는 순수 과학 분야에서 보더라도 상당히 흥미롭다.

그런데 뇌의 정보는 무수히 많고 의미도 모호해 휠체어 같은 로봇에게 명확히 전달하기가 쉽지 않다. 아무래도 뇌는 컴퓨터와는 전혀 다른 방법으로 정보를 표현하고 있는 것 같다. 가령 눈앞에 있는 컵을 보고 그것에 반응하는 신경세포가 있다고 하자. 하지만 그 신경세포는 컵을 볼 때마다 항상 반응하는 것은 아니다. 컵을 보고 반응할 때도 있고 반응하지 않을 때도 있다. 게다가 컵에 반응하는 뇌의 신경세포는 하나가 아닌 여러 개가 존재한다. 물론 그 신경세포들의 반응도 불규칙적이다. 그뿐만 아니라 신경세포에는 컵을 보지 않아도 갑자기 자발적으로 활동하는 때도 있다. 이른바 '동요動搖'라는 것이다.

이렇듯 뇌의 신경세포는 상당히 모호한데도 우리는 컵을 볼 때마다 순식간에 컵이라고 정확히 인식할 수 있다. 참으로 신비로운 모호성이다. 전기로 뇌 신경세포의 모호한 반응을 일일이

기록하고 정확히 해독해 로봇의 손을 움직이는 것은 모호성에서 확실성을 읽어내는 쉽지 않은 일이다.

기계와 융합된 인간은 기계일까, 인간일까?

신경세포들을 얼마나 기록해두어야 그 모호성을 확실성으로 바꿀 수 있을까. 가령 뇌에 신경세포가 천억 개 있다면 그것을 전부 기록하기는 사실상 불가능하다. 지금 내가 개발하고 있는 방법은 운이 좋으면 천 개 이상의 신경세포를 동시에 기록할 수 있다. 물론 천 개라는 수는 뇌 전체로 보면 1억분의 1에 지나지 않는다. 하지만 현재의 기술로 천 개까지 가능하다면 그 기술을 바탕으로 더 복잡한 행동을 출력할 수 있을지도 모른다.

이 분야에는 기계 학습이라는 재미도 있다. 로봇으로 된 휠체어를 처음 사용할 때는 움직이려는 의사가 있어도 움직이기가 그리 쉽지 않다. 하지만 어떻게든 계속 사용하다 보면 환자의 뇌는 기계와 상호 작용하는 법을 조금씩 배우게 된다. '이런 지시를 떠올렸을 때 휠체어가 앞으로 나간다'라는 식으로 뇌에 가소성이 생겨나는 것이다.

또 한 가지는 기계, 컴퓨터를 학습시키는 것이다. 환자의 뇌 활동에서 나타나는 패턴만으로는 로봇을 제대로 움직일 수 없는 경우가 많다. 그러므로 컴퓨터가 스스로 움직임을 예상해 로봇을 움직여보고 그 계산이 틀렸을 때는 다시 새로운 알고리즘을 구성해 스스로 수정하게 만드는 방식이다. 이 학습은 컴퓨터에 가상의 신경 네트워크를 구성해 거기에 정보를 기억시키는 방법을 이용한다. 이것이 기계 학습이다. 가상 회로가 뇌의 부족한 정보를 보완해주는 것이다. '이런 반응일 때는 이런 행동을 의도하는 거구나'라고 컴퓨터는 학습한다.

신경 보철학은 인간의 뇌와 컴퓨터의 인공 뇌가 상호 작용하는 것이다. 그 결과 '손가락을 움직이고 싶다'라는 의사가 눈에 보이는 형태로 실행된다. 말하자면 인간의 뇌에서 일어나는 변화와 컴퓨터의 내부를 융합하는 고차원적인 분야라고 할 수 있다. 영화 「스파이더맨 2」에는 악당이 자신의 척수에서 신경 정보를 꺼내 파괴력이 뛰어난 대형 로봇에게 지령을 보내는 장면이 나오는데 그것도 일종의 신경 보철학이다.

여기 소개한 신경 보철학에서는 전극으로 뇌를 자극해 신경 세포에 직접 기록하는 방법을 취하고 있다. 하지만 아직은 기계의 내구성이나 안전성에 대한 문제가 남아 있어 완벽하다고 말할 수는 없다. 현재 가장 안전한 방법은 뇌파를 사용하는 것이다. 뇌파는 두피의 표면에서 측정하므로 뇌의 손상을 피할 수 있다. 그리고 '이런 뇌파가 나왔을 때는 이렇게 한다'라는 식으로 정해 놓으면 의사 표시도 가능하게 된다. 다만 뇌파의 경우에는 정보량이 1초에 10비트 정도로 적기 때문에 세밀한 지시를 내릴 수 없는 것이 단점이다. 그래도 휠체어를 움직이거나 컴퓨터로 워드를 치는 정도는 가능하다.

심박수를 조절하는 요가의 달인

능력을 증폭시키는 것 자체는 인간이 예전부터 해왔던 일이다. 그중 하나가 자동차다. 안타깝게도 인간은 오래 걸으면 지친다. 게다가 시속 100킬로미터로 달릴 수도 없다. 그렇게 불가능한 것을 보완하기 위해 인간은 자동차를 만들었다. 비단 자동차뿐만 아니라 우리가 사용하는 도구는 모두 인간의 능력을 증강하는 일종의 도핑이라고 할 수 있다. 물론 신경 보철학도 그 연장선에 있다. 그런 의미에서 보면 신경 보철학의 개념 자체는 이미 오래전부터 존재하던 것이다. 오히려 손발을 거치지 않고 뇌에서 직접 로봇에게 지시할 수 있게 되면 더 효율적인 생활이 가능하지 않을까. 미래에는 누구나 생각하는 것만으로 자동차나 비행기를 자유자재로 조종할 수 있을지도 모른다.

뇌 자극 장치를 사용해 치료하는 대표적인 질병이 파킨슨병이다. 파킨슨병은 중뇌의 도파민이 감소하는 병으로 발병 초기에는 손발의 움직임이 부자연스러워진다. 그럴 때 뇌 안쪽에 전극을 넣어 신경을 자극한다. 자극용 전지도 체내에 집어넣는다. 그 전지에서 흘러나온 전류가 뇌를 자극하면 도파민의 분비가 활성화된다. 비록 일시적이지만 증상은 상당히 개선된다. 파킨슨병을 완치하는 방법은 아직 발견되지 않았다. 하지만 병상에 누워 있어야만 했던 환자가 일시적이나마 회복해 돌아다닐 수 있게 된 것은 상당히 의미가 있는 일이다. 이것도 인공적인 장치와 인간의 융합이라고 할 수 있다.

이어 인위적으로 혈압을 조절하려는 시도도 이루어지고 있다. 혈압은 자율신경계라는 신경이 조절하는 것으로 의식적으로 조절할 수 있는 영역이 아니다. 자율신경은 말 그대로 자신의 의지로는 억제할 수 없는 독립된 자동 신경 시스템이다. 인간이 자율신경을 조절할 수 없는 것은 자율신경에 피드백이 없기 때문이다. 피드백이 없다는 것은 이를테면 지금 자신이 혈압이 얼마인지 모른다는 것이다. 모르는 것을 조절할 수는 없다.

선천적인 시각장애인은 얼굴의 표정이 다양하지 못하다. 물론 웃거나 화난 표정은 가능하다. 하지만 미묘한 표정을 짓는 데는 서투르다. 그것은 피드백이 없기 때문이다. 우리는 남의 얼굴이나 거울을 보면서 자신도 모르게 표정을 기억한다. 그래서 갓 태어난 아기는 표정이 몇 가지 없지만 자라며 시간이 흐를수록 점차 표정이 풍부해진다. 얼굴에 인격이 나타난다는 말의 근거 역시 바로 이 때문이다. 뭔가를 배울 때는 피드백이 있어야 한다. 자신의 문제점을 파악할 수 있어야 고치고 발전할 수 있다. 앞서 말했듯 혈압은 피드백 기능이 없다. 그럼 어떻게 해야 할까. 대답은 간단하다. 피드백 장치를 부착하면 된다.

혈압을 측정하는 것은 시판되는 기계로도 충분하다. 수치만 보면 실감 나지 않을 수도 있으니 혈압이 내려가면 녹색 표시등이 켜지고 혈압이 올라가면 빨간 표시등이 켜지는 장치도 함께 부착하자. 그것을 보면서 머릿속으로 녹색 표시등이 켜지기를 바라면 된다. 혈압이 낮아지기를 바라는 것이 아니라 단지 녹색 표시등이 켜지기를 바라기만 하면 혈압이 내려가는 것이다. 이 방법은 고혈압 환자의 치료에 응용할 수 있다. 약물을 사용하는 치료법이 아니므로 부작용도 없다. 이와 같은 치료법을 바이오피드백biofeedback이라고 한다.

자율신경실조증은 자율신경이 갑자기 활동하면서 심장이 고동치거나 땀을 흘리는 등의 증상이 나타나는 질병이다. 어쩌면 이것 역시 바이오피드백으로 어느 정도 치료가 가능할 수 있다. 결과적으로 스스로 조절할 수 없었던 자율신경도 바이오피드백을 사용해 의식적으로 통제할 수 있는 신경이 되는 것이다.

　요가의 달인들을 보면 심박수를 낮추는 등 스스로 몸을 기능을 조절한다. 말하자면 자율신경을 조절하는 것인데 빨간색이나 녹색 표시등을 사용하지 않아도 자율신경을 조절할 수 있다니 정말 대단한 능력이다. 바이오피드백은 누구나 쉽게 그런 능력을 습득할 수 있도록 과학의 힘을 빌린 것이다. 그처럼 스스로 뇌를 조절하고 이용하는 것은 멀지 않은 미래에 매우 중요한 연구 분야가 될 것이라 예상한다.

PART 2

의욕을 내고 싶다면
일단 몸부터 움직여라

도대체 의욕은 어떻게 만들어지는가

말은 눈앞에 당근을 매달아두면 그것을 먹으려고 계속 달려간다는 이야기가 있다. 그것이 사실인지 아닌지는 모르겠지만 동기 부여를 위해 먹이를 이용하는 것은 우리의 일상생활에서도 빈번하게 이루어지고 있다. 일이 잘 풀리면 한턱내겠다며 동료의 사기를 북돋는 사람도 있고 아이에게 시험 점수를 잘 받으면 원하는 물건을 사주겠다는 학부모도 있을 것이다.

심리학에서는 이렇게 보수를 이용하는 방법을 '외발적外發的 동기 부여'라고 하는데 이 방법은 오래전부터 업무 효율을 높이는 수단으로 널리 이용되어 왔다. 과학적으로도 외발적 동기가 없으면 학습 능력이 크게 떨어진다. 동물의 경우에는 외발적 동기가 없으면 아예 학습이 불가능한 경우도 있다.

미국 국립정신보건연구소의 리치몬드Richmond 박사와 시다라 무네타카設楽宗孝 박사는 외발적 동기 부여에 관한 원숭이 실험을 진행했다. 실험 방법은 간단하다. 눈앞에 설치된 모니터에 빨간색 기호가 표시되면 버튼을 누른다. 기호가 녹색으로 바뀌면 버튼에서 손을 뗀다. 이 두 가지를 제대로 수행하면 원숭이는 상으로 주스를 받는다. 빨간색 기호일 때 버튼에서 손을 뗀다든지 녹색으로 바뀌었는데도 곧바로 손을 떼지 않으면 주스를 받을 수 없다. 이 실험의 성공률은 97퍼센트 이상이었다.

여기서 난이도를 높여 버튼 누르기 과제를 4회 연속으로 성공해야만 주스를 주기 시작하자 성공률은 75퍼센트로 현저히 떨어졌다. 그런데 실험을 반복하는 과정에서 뜻밖의 현상이 발견되었다. 이 4회 연속 과제 실험의 회차 별로 성공률이 75퍼센트에서 80퍼센트, 80퍼센트에서 93퍼센트까지 점점 상승하는 모습이 관찰된 것이다.

보수를 받을 때까지 거쳐야 하는 단계가 많아지면 실패율이 높아지고 반대로 보수를 받는 순간이 가까워지면 가까워질수록 실패율이 줄어든 것이다. 이처럼 보수에 대한 기대와 일의 정밀도는 전두엽의 기능과 관계가 있다. 리치몬드 박사는 기대와 정밀도의 관계를 깨뜨릴 수 있는 방법은 없다고 말한다. 즉 업무의 정확도를 높이고 싶으면 일을 여러 단계로 세분화하여 각 단계마다 보수를 주는 방법밖에 없다는 뜻이다.

보수는 꼭 눈에 보이는 것이 아니어도 상관없다. 뭔가를 완수했다는 성취감도 외발적 동기가 된다. 실제로 목표를 달성했을 때의 감격도 충분한 보수가 된다. 흔히 목표는 높게 잡는 것이 좋다고 하는데 그렇게 하면 보수를 얻을 기회도 줄어들고 목표를 달성하기도 전에 좌절감을 느끼기 쉽다. 대업을 완수하려면 우선 달성 가능성이 있는 작은 목표로 세분화하고 점진적으로 최종 목표를 향해 나아가는 것이 유리하다.

의욕은 뇌에서 나오는 것이 아니다

누구나 한 번쯤은 어떤 보상 때문에 일에 대한 의욕을 느낀 적이 있을 것이다. 보상을 이용하는 것은 동기가 불순하다는 사람도 있는데 반드시 그런 것만은 아니다. 기본적으로 인간의 뇌는 자체적으로 의욕을 내려고 해도 낼 수가 없기 때문이다.

우선 뇌는 홀로 존재할 수 없다. 몸이 있어야 비로소 뇌도 존재할 수 있다. 뇌는 두개골 안에 들어 있어 외부와 직접 접촉하지 못한다. 환경을 감지하거나 환경에 따라 작용하는 것은 몸이다. 뇌는 몸을 통해야만 비로소 외부 환경과 접촉할 수 있다. 즉 뇌에게는 몸이 곧 환경이다. 우리는 흔히 뇌의 가치를 몸보다 상위에 놓는 경향이 있다. 하지만 뇌가 없어도 충분히 살아가는 원시 생물을 보면 알 수 있듯이 뇌 보다는 우선 몸이 있어야만 우리는 존재할 수 있다.

손을 움직이는 것을 예로 들면 손을 담당하는 뇌 부위가 따로 있기 때문에 손이 움직이는 것이 아니다. 손을 움직이기 위해 뇌가 존재하는 것이다. 그리고 바이올리니스트나 피아니스트는 손가락을 움직이는 뇌 영역이 일반인에 비해 넓은데 이것은 애초에 손가락을 움직이는 뇌 영역이 넓어서 바이올리니스트가 된 것이 아니라 바이올리니스트로 활동하기 때문에 뇌 영역이 넓어진 것이다. 질병이나 사고로 손발이 절단된 상황에서는 그 부위에 대응하는 뇌 영역이 위축되거나 다른 영역으로 흡수되는 것 역시 같은 논리이다.

몸이 없다면 뇌는 한낱 덩어리일 뿐

물론 몸만 있으면 된다고 말하려는 것은 아니다. 뇌에게 몸은 외부 환경과 접촉할 수 있는 유일한 통로인 셈이다. 몸에서 신호를 보내지 않으면 뇌는 외부 세계에 대해 알 수 없다. 이전에 한

재활 치료사와 이야기를 나눌 기회가 있었다. 그는 일반적으로 나이가 젊은 사람들의 회복 속도가 나이 든 사람에 비해 훨씬 빠르다고 이야기했다. 젊은 사람들의 신경 재생 속도가 빠르기 때문에 당연한 소리가 아닌가 생각하겠지만 최근에는 그와 다른 주장도 나오고 있다.

생물학적으로 신경 자체는 젊은이든 노인이든 비슷한 속도로 회복한다. 그렇다면 회복 속도를 다르게 만드는 것은 무엇일까. 바로 몸의 원기다. 젊을수록 몸을 자주 움직이므로 몸에서 뇌로 부지런히 정보가 전달된다. 한편 노인은 같은 시간만큼 재활 훈련을 해도 몸을 그다지 움직이지 않으므로 결국 뇌의 회복이 늦어진다는 것이다. 이렇듯 몸이 움직이면 뇌도 활성화된다는 의미에서 볼 때 뇌보다는 몸이 더 중요하다고 생각한다. 인류의 미래상을 다룬 SF 만화를 보면 뇌는 기이하게 발달하고 몸은 퇴화해버린 그림을 자주 접하는데 실제로는 몸이 퇴화한다면 뇌도 함께 퇴화할 것이라는 게 나의 생각이다.

일단 행동해야 의욕이 생긴다

자, 다시 동기 부여 이야기를 해보자. 어떻게 하면 지속적으로 동기를 부여할 수 있을까. 하나는 앞서 말했듯 외발적 동기 부여, 보상을 통해 동기를 부여하는 방법이 있다. 외발적 동기 부여는 보상을 통해 의욕이나 동기를 유지하는 심리적인 방법이다. 쾌락이나 기쁨, 편안함을 추구해 의욕을 유지하는 것은 지극히 자연스러운 일이다. 이것은 환경 주도형 사고방식이다. 또 하나는 실제로 몸을 움직여 보는 것이다. 의욕이 없어도 일단 시작해 본다. 연하장을 쓰고 싶은 마음이 없더라도 일단 책상에 앉아 연하장을 써본다. 그러면 뇌가 점차 활성화되면서 자신도 모르게 의욕이 생겨난다. 이것을 작업 흥분이라고 한다. 흥분이란 뇌의 신경세포가 활성화한다는 의미이다.

사실 나는 아침에 쉽게 일어나지 못하는 타입이다. 특히 겨울에는 따뜻한 이불 속에서 나가고 싶지 않다. 하지만 작업 흥분이라는 뇌의 현상을 알고 난 뒤부터는 눈을 뜨면 곧바로 몸을 일으킨다. 뇌의 상태와 상관없이 일단 몸을 깨우고 이를 닦고 세수를 하며 움직인다. 그러면 그 움직임에 이끌리듯 뇌도 깨어난다. 몸을 이불 속에 그대로 두면 뇌는 좀처럼 깨어나지 못한다. 이것은 신체 주도형 사고방식이다. 소설가 아쿠타가와 류노스케芥川龍之介는 『난쟁이가 하는 말』 속에서 "우리를 연애의 고통에서 구해주는 것은 이성이 아니라 바쁜 생활이다"라고 말한다. 여기서도 직접 몸을 움직이는 신체 주도형 사고방식의 중요성을 엿볼 수 있다.

그러나 현실적으로 말하자면 환경 주도형이든 신체 주도형이든 결국 뇌 속에서 의식을 끌어내는 것은 근본적으로 쉽지 않다. 선생이 학생에게 왜 의욕이 없느냐고 꾸짖는다고 해서 의욕이 생겨나는 것은 아니듯 말이다.

칭찬받을수록 똑똑해지는 뇌

이 일이 끝나면 뭔가를 먹을 수 있다든지 한 달 동안 일하면 월급을 받을 수 있다는 식의 구체적인 보상만이 외발적 동기 부여가 되는 것은 아니다. 가장 원시적이고 손쉬운 방법은 '칭찬'이다. 어찌 된 일인지 인간은 칭찬을 받으면 즐거워한다. 또 하나는 뭔가를 달성했을 때 느끼는 기쁨이다. 이제까지 모르고 있던 것을 "아, 이런 거였구나" 하고 이해하게 되었을 때의 기쁨과 쾌감. 이것도 신기한 일이다. 인간은 어째서 새로운 것을 이해했을 때 기쁨을 느끼는 걸까. 그것이 진화 과정에서 유리하게 작용하기 때문일까. 왜 굳이 그런 뇌 회로가 필요한 것일까. 그것은 우연일까.

이유야 어떻든 인간에게 이런 쾌감이 존재하는 이상 성취감은 좋은 동기 부여가 된다. 이해하는 것이 즐거워 새로운 분야를 공부하고 거기에 집중할수록 더욱 즐거워지는 것은 분명 성취감 때문이다. 맛있는 음식이든 월급이든 칭찬이든 성취감이든 어쨌거나 편안한 감정을 느끼는 뇌 부위인 보수계에 영향을 미치는 것이라면 무엇이든 동기 부여가 될 수 있다.

당신이 연인에게 반한 진짜 이유

그렇다면 보수계란 무엇을 의미하는 것일까. 여기서 중요한 키워드는 도파민dopamine이다. 도파민은 쾌락을 생성하는 신경 전달 물질이다. 도파민의 신경세포가 많은 곳은 복측피개 영역이다. 그곳을 자극하면 도파민이 많이 나온다. 쥐의 복측피개 영역에 전극을 집어넣고 연결한 뒤 자유롭게 스위치를 누르게 하면 쥐는 아무런 거부감 없이 스위치를 눌러 뇌에 전기 자극을 준다. 심지어는 배가 고픈 상태에서도 먹이를 먹는 대신 그 스위치를 계속 누른다. 배고픈 상태를 잊어버릴 정도로 강한 쾌감을 느끼는 것이다. 복측피개 영역처럼 쾌감을 주는 뇌 부위를 보수의 신경계라는 의미로 '보수계'라는 이름이 붙었다.

각성제나 니코틴처럼 쾌락을 안겨주는 물질은 복측피개 영역을 활성화한다. 그 쾌락의 문제점은 단지 기분이 좋아지는 데서 끝나지 않고 습관성이나 의존성이 생긴다는 것이다. 약효가 떨어지면 다시 약을 찾게 되는 정신 의존은 스위치를 누르는 실험에서 자신의 상태를 잊어버린 쥐와 같다.

한 신경 생리학 잡지에 흥미로운 논문이 실렸다. 교제하기 시작한 지 얼마 안 된 젊은 남녀에게 사랑하는 상대의 사진을 보여주고 뇌의 어느 부분이 반응하는지 조사했더니 그 결과 역시 복측피개 영역이었다. 사랑에 빠진 사람은 상대를 생각하는 것만으로 도파민이 나오고 기분이 좋아진다. 연애도 중독이라는 말이 괜히 생긴 것이 아니다.

앞의 실험에서도 알 수 있듯이 쥐는 스위치를 누르는 것에 열중해 먹는 것조차 잊어버리고 만다. 생명 유지를 생각한다면 스위치보다는 먹이 쪽이 훨씬 중요하다. 스위치만 누르고 있어서는 생명을 유지할 수 없다. 이때 뇌에서는 가치 기준의 치환이 일어난다. 사는 것조차 초월한 맹목성이 생겨나는 것이다. 무엇이 중요한지도 모르게 될 정도로 강한 집중력을 보인다. 각성제 중독도 보수계가 강한 자극을 받기 때문에 약을 끊기 어려운 것이다. 연애도 마찬가지다. 남들이 아무리 저 사람하고는 사귀지 않는 게 좋다고 충고해도 본인은 아랑곳하지 않는다. 연애 중인 어떤 사람은 모든 것을 희생하면서까지 맹목적인 사랑을 추구한다. 이와 관련해 신기한 부분은 약물 중독은 스스로 끊기가 어려우나 연애 감정은 어느 날 갑자기 식어버리기도 한다는 점이다. 그 이유를 알 수 있다면 각성제 중독을 치료하는 데 큰 도움이 되겠지만 이 현상은 아직 과학적으로 설명되지 않는다.

그렇다면 다른 동물은 어떨까. 인간과 가장 가까운 포유류라고 알려진 침팬지에게도 연애 감정이 있을까. 침팬지는 어미가 새끼를 양육한다. 포유류는 젖을 먹이기 때문에 양육은 주로 어미가 맡는다. 그런데 인간과 크게 다른 점은 그 아비가 누구인지는 대부분 모른다는 점이다. 동물원에 있는 원숭이들처럼 소수의 집단조차 아비 원숭이가 누구인지 모른다. 아마도 연애는 인간만이 하는 독특한 행위인 듯하다. 그렇다면 어째서 인간에게는 연애 감정이 있는 것일까.

연애는 인간을 맹목적으로 만드는 위험 인자다. 인간은 무슨 연유로 그런 위험 인자를 갖게 된 것일까. 개인적인 추론은 다음과 같다. 가령 결혼이 자손을 번성하기 위한 것이라면 인간은 동물로서 가능한 우수한 자손을 남겨야 한다. 지금 세계의 인구는 80억이 넘는다. 남녀가 반반이라고 하면 40억 명 중에서 자신이 추구하는 최우수 유전자를 찾아야 하는데 이것은 엄청난 노력이 필요하다. 현실적으로 모든 이성을 확인하는 것도 불가능할 뿐만 아니라 거기에 많은 시간을 소비하다가는 인생의 번식 적령

기를 놓치게 된다. 그보다는 주변에서 재빨리 적당한 사람을 선택해 '나한테는 이 사람이 최고야' 하고 맹신할 수 있다면 제 짝을 찾는 시간이 줄어들어 경제적이다. 복측피개 영역이 사람을 맹목적인 자기만족에 빠지게 만들어 상대에 대한 일말의 의구심도 없이 자손을 남기게 된다. 이것은 인간이 동물로서 남겨둔 일종의 방어 수단인지도 모른다. 이렇게 약간은 냉정한 시점에서 바라보면 연애라는 인간의 감정은 꽤 우스꽝스러운 것이라는 생각도 든다.

도파민에 중독된 뇌가 성공한다

부자가 되고 싶으니까, 출세하고 싶으니까, 칭찬을 받고 싶으니까, 지식을 채우고 싶으니까 우리는 열심히 살아간다. 이것은 모두 쾌감을 추구하는 행동으로 의욕이나 동기 부여로 연결된다. 그와 동시에 쾌감을 안겨주는 도파민의 작용으로 맹목적이게 변하기도 한다. 그 맹목성이라는 부분은 상당히 중요하다. 타인이 볼 때는 귀찮고 힘든 일도 본인에게는 그것이 쾌감이라면 결코 힘들게 느껴지지 않는다. 이런 무모한 면이 인간을 꿈꾸게 만든다. 취미에 빠져드는 맹목성, 연애하는 맹목성, 꿈을 향해 계속 달려가는 맹목성, 예술에 도취하는 맹목성. 바로 이 맹목성으로 마비되는 정신 구조 덕분에 의욕이 샘솟는 것이다. 외부에서 보면 터무니없게 보일지 몰라도 이 맹목성이야말로 인간만이 지닌 강점이자 새로운 원동력이 아닐까.

유전자보다 강력한 '이것'의 힘

성공의 비결을 결정짓는 요소

지능이 높은 생쥐와 지능이 낮은 생쥐, 기억력이 좋은 생쥐와 기억력이 나쁜 생쥐. 제각기 지능이 다른 것은 인간뿐만이 아니다. 생쥐를 대상으로 미로 테스트를 할 때마다 발견하는 것인데 어떤 집단에든 미로를 통과할 수 있는 생쥐와 불가능한 생쥐가 있다. 더 흥미로운 사실은 전자의 생쥐는 어떤 종류의 테스트를 하든 평균 이상의 성적을 보인다는 점이다.

그 이유에 관해 메이첼Matzel 박사는 무슨 일이든 기본적으로 타고난 능력이 성과의 50퍼센트를 결정하기 때문이라고 말한다. 다시 말해 하나의 실험 결과로 다른 테스트의 성적도 대략 예상할 수 있다는 것이다. 이를 사람에 대입하면 개인의 업무 능력 역시 어느 정도는 이미 타고나는 것이라고 볼 수 있다. 그렇다면 대체 무엇이 뇌의 능력을 결정하는 걸까. 이것이 밝혀진다면 누구든 일을 잘하는 사람이 될 수 있을 것이다. 메이첼 박사는 여기서 호기심과 주의력이 핵심이라고 이야기한다. 어떤 일이든 잘 처리하는 뛰어난 뇌를 가진 사람은 남들보다 높은 집중력을 가지고 있다.

집중력과 뇌의 관계를 조금 더 깊이 알기 위해서는 뇌의 해마를 살펴야 한다. 해마는 기억력을 결정하는 중요한 부위다. 해마에는 특이하게 새로운 환경이나 장소에만 반응하는 신경세포가 있는데 바로 그 녀석이 집중력을 결정짓는 핵심이다. 낯선 장소를 방문할 때 우리 뇌는 주변의 풍경에 집중한다. 그때 해마의 신경은 더욱 오래 활발히 움직인다. 그런 식으로 기억된 행동 패턴은 다시 떠올리기도 쉽다. 만약 뇌의 성능이 타인보다 떨어진다고 생각한다면 이 신경세포에 주목해 보자. 낯선 환경으로 뇌를 자극하면 집중력을 높일 수 있다. 호기심과 주의력은 뇌의 성능을 끌어올린다.

기억력을 높이는 일곱 가지 유전자

인간의 뇌는 사람마다 차이가 있을까? 애매한 질문이지만 엄밀히 말하면 차이가 있다. 최근에 내게 충격을 준 내용의 논문이 있다. 바로 기억력 테스트에서 고득점을 받은 사람들의 DNA를 정밀 분석하여 공통적인 유전자를 찾아낸 연구다.

앞서 말했듯 유전자에는 유전자 다형이라는 것이 존재한다. 똑같은 작용을 하는 유전자라도 사람에 따라 DNA 배열이 조금씩 달라 분자의 작용도 조금씩 차이가 난다. 이를테면 알코올에 강한 사람과 약한 사람이 유전자 다형의 전형적인 예다. 이는 아세트알데히드를 분해하는 알데히드 탈수소효소ALDH의 활성 효율이 각자 다른 탓이다.

유전자 조합에는 여러 가지 패턴이 있다. 위에서 언급한 논문의 연구는 실험 참가자들에게 기억력 테스트를 실시한 뒤 높은 성적과 관련이 있어 보이는 유전자 조합을 조사한 것이다. 그 결과 기억력에 영향을 주는 일곱 가지 유전자가 발견되었다. 그 일곱 가지 유전자를 지닌 사람은 기억력이 좋고 반대로 그 유전자가 없는 사람은 기억력이 그다지 좋지 못했다. 만약 이 유전자에 근거해 갓 태어난 아기의 DNA를 분석한다면 그 아기가 장래에 기억력이 좋은 사람이 될지 아닐지 미리 알 수 있다. 왠지 좀 섬뜩한 이야기다. 대학 입시나 기업 입사시험에서도 전형적인 테스트가 사라지고 혈액만 제출하면 되는 상황이 벌어질지도 모르니까. 단, 유전자가 사람의 능력을 어느 정도까지 결정하는지는 아직 상당히 모호한 수준이다. 그 일곱 가지 유전자가 기억력에 영향을 미치는 것은 분명하지만 그 유전자만으로 모든 것이 결정되는 것은 아니다. 기억력과 관련된 유전자는 그 외에도 수십 가지가 더 있을 것이라고 논문의 저자는 말하고 있다.

덧붙여 정확히 밝히는 바는 기억력과 관련된 유전자가 전부 발견되더라도 그것으로 기억력에 관한 의문들을 전부 해결할 수 있는 것은 아니다. 기억력에는 당연히 환경 인자도 중요한 역할을 한다. 환경 인자와 유전자가 기억력에 각각 어느 정도의 비율로 영향을 미치는지는 아직 불확실하다. 반반이라는 사람도 있고 유전자는 거의 관계가 없다는 사람도 있다. 80퍼센트가 유전자로 결정되고 나머지 20퍼센트는 노력으로 결정된다는 사람도 있다. 전문가들 사이에서 그처럼 의견이 일치하지 않는다는 것은 바꿔 말하면 의외로 유전자는 그다지 관계가 없을 가능성이 높다는 소리다.

절대음감은 타고나야만 하는 걸까?

천재적인 야구선수 스즈키 이치로鈴木一朗 선수는 분명 뛰어난 유전자를 타고났다. 하지만 좋은 유전자를 타고난 것만으로는 그와 같은 훌륭한 성적을 낼 수 없다. 훌륭한 부모나 선생과 만나는 행운도 필요하겠지만 무엇보다 중요한 것은 본인의 노력이다. 그 대표적인 예가 절대음감이다.

절대음감은 초등학교에 들어가기 전까지 습득하지 못하면 대개는 평생 습득하기 어렵다고 한다. 유치원생이 솔페지오Solfège를 하겠다고 부모에게 졸라댈 리 없을 테니 절대음감을 습득하려면 부모나 선생의 도움이 있어야 한다. 하지만 안타깝게도 절대음감은 누구나 훈련만 하면 습득할 수 있는 능력이 아니다. 몇몇 뇌과학자가 주장하는 바에 따르면 그 능력은 유전자로 결정되는 것이라고 한다. 유전자가 재능에 일정 부분 영향을 주는 것을 무시할 수는 없다. 어쩔 수 없는 일이다.

스스로 재능이 없다고 판단되는 일은 깨끗이 포기하는 것도 하나의 방법이지 않을까? 예를 들면 나는 운동을 좋아하는데 그것은 어디까지나 그저 좋아할 뿐이다. 아무리 노력해도 운동 능력이 향상되지 않기에 운동 계통의 유전자가 없는 것으로 생각하고 깨끗이 포기했다. 인생에서 주어진 시간은 한정적이다. 재능이 없는 분야에 매달리기보다는 조금이라도 타고난 분야에 시간과 노력을 들이는 편이 낫다. 재능은 유전자로 결정된다고 생각하는 것도 자기 자신을 인정하는 하나의 방법이다. 사람의 유전자는 모두 다르기에 당신만이 타고난 특별한 능력이 분명 있을 것이다. 비록 아직 발견하지 못했다 하더라도 말이다.

의지가 강한 사람의 유전자는 따로 있을까?

앞서 말한 절대음감은 그것을 습득할 수 있는 능력을 타고나더라도 훈련을 받지 않으면 그 재능을 얻을 수 없다. 좋은 유전자를 갖고 태어난 것만으로는 부족하다는 뜻이다. 절대음감 같은 재능을 습득하는 데는 주변의 환경이 중요하기도 하지만 결국 그것을 배우고자 하는 본인의 의지가 가장 중요하다.

아이큐 테스트를 고안한 프랑스의 심리학자 비네Binet는 인간의 능력을 키우는 중요한 요소 중 하나는 열의, 즉 집중력이라고 말한다. 그러니까 아무리 뛰어난 뇌를 지니고 태어났어도 의욕이나 집중력이 없으면 소용없는 일이다. 그렇다면 의욕은 어디서 생겨나는 걸까.

의욕도 유전자와 관련된 것이라고 주장하는 사람이 있다. 과학자들의 주장은 정말 끝이 없다. 사실 똑같은 이야기를 들으면서도 시큰둥하게 반응하는 사람이 있는가 하면 큰 관심을 보이며 귀를 기울이는 사람도 있다. 요컨대 그런 성격조차도 유전자의 차이일지 모른다는 것이다. 그렇다면 기억력 같은 능력보다 흥미를 갖고 집중할 수 있는 유전자가 더 중요하지 않을까. 어쨌든 유전자가 능력이나 성격에 미치는 영향에 관해서는 과학 현장에서도 아직 결론이 나지 않았으므로 크게 연연할 필요는 없다고 생각한다.

이기고 싶다면 빨간색 옷을 입어라

빨간색은 승부욕을 높여준다

예전부터 색깔은 빛이라는 물리적 성질을 초월하여 심오한 의미를 담고 있다. 권투나 레슬링 같은 격투경기에서는 선수에게 빨간색과 파란색의 의상이나 보호 용구를 임의로 할당한다. 흔히 일반인들은 빨간색을 착용하든 파란색을 착용하든 승률에는 영향을 미치지 않을 것이라 여긴다. 그런데 영국 더럼대학의 인류학자 힐Hill 박사는 아테네 올림픽에서 열린 네 가지 격투경기의 승부를 조사한 결과 모든 경기에서 빨간색을 사용한 쪽의 승률이 높다는 사실을 발견했다. 빨간색의 승률은 55퍼센트로 파란색보다 10퍼센트나 높았다. 실력이 팽팽한 선수끼리 치러진 시합만 선별해 비교했을 때는 빨간색과 파란색의 승률이 무려 20퍼센트까지 차이가 났다.

힐 박사는 조사 대상을 확대해 유럽 선수권 축구 경기들을 분석했다. 빨간색을 포함하여 다양한 색상의 유니폼을 사용하는 5개 팀의 승률을 확인해보았더니 이번에도 역시나 빨간색 유니폼을 입은 팀의 득점률이 확실하게 높다는 결론이 나왔다. 이건 우연의 일치일까.

색깔이 행동이나 사고에 미치는 영향을 다루는 학문을 색채심리학이라고 한다. 일반적으로 빨간색은 불타는 듯한 정열을, 파란색은 우울한 분위기를 나타내는 경향이 있다. 자연계에서도 피나 불꽃은 붉은색으로 강한 느낌을 준다. 원숭이나 조류, 어류 등 다양한 생물들도 몸 일부를 변색시켜 공격성을 높이거나 이성에게 자신의 존재를 알리곤 하는데 이에 사용되는 색도 역시 빨간색이 많다. 이렇듯 빨간색을 특별히 취급하는 것은 인간뿐만이 아닌 듯하다.

이와 관련해 금화조라는 새를 이용한 흥미로운 연구가 있다. 금화조 중에는 가슴 깃털이 빨간색인 새와 녹색인 새가 있는데 일반적으로 빨간색 쪽이 먹이를 잘 먹는다. 여기서 영국 브리스틀대학의 커트힐Cuthill 박사가 녹색 깃털을 지닌 금화조 가슴에 빨간 페인트를 칠했더니 놀랍게도 그 새가 먹이를 취하는 양이 늘어남을 확인할 수 있었다. 운동선수의 유니폼 색깔과 비슷한 현상이 새에게도 나타난 것이다. 힐 박사는 빨간색이 상대를 무의식적으로 위협해 우위를 차지하기 쉬운 상황을 만드는 것으로 추측했다. 어쩌면 사람들이 논쟁할 때 새빨간 얼굴로 소리치는 것도 그 나름대로 의미가 있는 행동인지 모른다.

당신의 눈은 세 가지 색깔만 감지한다

색깔은 인간의 눈으로 감지할 수 있는 가시광선이 뇌에 만들어내는 일정한 성질을 가리킨다. 인간의 눈으로 느낄 수 있는 색깔은 레드R와 그린G, 블루B뿐이다. 일반적으로 우리가 말하는 RGB 색상이다. 그 색깔의 조합으로 우리는 보라색이나 오렌지색 같은 여러 가지 색깔을 인식한다.

물리적으로 말하면 빛은 원래 단파에서 장파에 이르기까지 광범위하게 존재한다. 인간이 느낄 수 있는 색은 그중에서 극히 한정된 파장 영역의 특정한 세 가지뿐이다. 이 정도만으로도 이렇게 다채로운 세계를 볼 수 있으니 빛의 세계가 얼마나 다양한지 상상할 수 있을 것이다. 그런데 동물 중에는 색깔을 감지하지 못하는 종류도 있다. 일반적으로 동물은 야행성인지 주행성인지에 따라 볼 수 있는 색이 다르다. 야행성 동물, 이를테면 고양이나 개, 쥐 등은 색깔을 구분하지 못한다. 흑백 세계에서 사는 것이다. 한편 주행성인 소나 사람은 색깔을 볼 수 있다.

투우사는 소를 상대할 때 빨간 천을 사용한다. 소가 빨간색을 보면 흥분하기 때문이라고 한다. 그런데 소는 색맹이기 때문에 그 빨간색이 의미가 없다고 말하는 사람도 있다. 물론 그렇지 않다. 소는 색맹이 아니다. 단, 소의 망막을 살펴보면 파란색과 오렌지색만 구별할 수 있다. 그러므로 소가 빨간색을 볼 수 있는지 없는지 물어본다면 빨간색 천을 볼 수는 있지만 보통 우리가 알고 있는 그런 빨간색은 아닐 것이라고 대답할 수 있다.

청색과 흰색, 유도복은 어느 쪽의 승률이 더 높을까?

색깔이 마음에 어떤 영향을 주는지에 관한 연구가 심도 있게 진행되면서 색채 심리학이라는 학문까지 생겨났다. 색채 심리학이 일상에 적용된 대표적인 예로 패스트푸드점이 있다. 초창기 패스트푸드점에서는 점포 내부에 빨간색이 많이 사용되었다. 빨간색은 고기와 피를 연상시키는 색깔로 배고픈 사람의 식욕을 자극해 가게로 들어오게 유도하고 배불리 식사를 마치고 나면 빨간색이 왠지 거북하게 느껴져 곧바로 나가게 만드는 효과가 있기 때문이었다. 손님의 회전이 빨라지는 것이다. 하지만 최근에는 편안한 분위기를 더 중요하게 여기는 음식점들이 늘어나며 새빨간 색깔로 내부를 장식하는 가게들은 전보다 많이 줄어드는 추세다. 하지만 스포츠에서는 여전히 색깔이 심리에 미치는 영향을 중요하게 여긴다.

권투나 레슬링 같은 투기 종목에서 파란색보다 빨간색 쪽의 승률이 높은 것을 보면 빨간색에 상대를 위협하는 힘이 있는지도 모르겠다. 그런데 유도복은 어떤가. 흰색과 파란색이다. 파란색이 약한 색이라면 여기서도 흰색 쪽의 승률이 높아야 할 것이나 실제 통계를 내본 결과 파란색의 승률이 더 높은 것으로 나타났다. 색깔에 우열이 있다는 것 자체는 맞는 말이지만 흰색과 파란색의 경우에는 파란색이 우위이므로 빨간색만 강한 색이라고 단정할 수가 없게 된다. 그렇다면 흰색보다 파란색이 강한 이유는 무엇일까. 같은 체격의 선수들이라면 팽창색(실제보다 더 크게 보이는 색)인 흰색을 입은 사람이 더 커 보일 것이고 어쩌면 더 강해 보일지도 모르는데 말이다. 파란색이 심리학적으로 어떤 효과가 있는지 앞으로 좀 더 지켜봐야 할 것 같다.

약간 벗어난 이야기지만 바둑에서는 흰 돌과 검은 돌 중 어느 쪽이 더 강할까. 바둑에서는 상수인 기사가 백을 잡고 있으므로 승률을 보면 당연히 백이 강하다고 할 수 있다. 하지만 만약 무작위로 흑백이 결정된다면 어느 쪽이 유리할까. 아무래도 검은

색보다는 흰색의 색채 심리 효과가 강하므로 단순히 색깔만을 놓고 본다고 해도 흰 돌이 더 유리하리라 추측해 본다.

공작의 깃털이 화려한 이유는 무엇일까?

여러 동물이 색을 이용해 자신을 과시한다. 일반적으로 주행성인 새나 곤충은 색을 볼 수 있으므로 화려한 색으로 이성을 유혹한다. 꽃의 색깔이 아름다운 것과 같은 이치다. 내가 특히 신기하게 생각하는 것은 공작의 깃털이다.

지금 자신이 그 공작의 화려한 깃털 속에 있는 가느다란 털이 되었다고 상상해보자. 자신이 파란색 깃털이 되어야 한다거나 노란색 깃털이 되어야 한다는 것을 어떻게 알 수 있을까. 공작은 깃털 하나하나가 제각기 조화롭게 색깔을 만들어 전체적으로 화려한 문양이 완성된다. 그것은 대체 어떻게 만들어지는 것일까. 일종의 자기 조직화의 과정에 따른 것이리라. 과학적으로 보더라도 상당히 흥미로운 일이다.

사실 조류나 포유류가 지닌 색소는 멜라닌으로 오로지 주황색이나 검은색 계통뿐이다. 그 이외의 선명한 색깔은 모두 표면 구조에 따른 빛의 미묘한 반사로 섬세하게 만들어진 것이다. 생물은 그런 방법으로 이성에게 자신을 드러낸다. 어쩌면 그것이 가능한 개체만 지금까지 살아남은 것인지도 모른다.

잠든 동안 뇌에서 일어나는 놀라운 일

하루 중 반드시 확보해야 하는 7.5시간

새로운 지식을 습득하기 위해 충분히 자는 것은 공부만큼이나 중요하다. 잠든 뇌 속에서는 그날 하루에 입력된 많은 양의 정보가 재현되고 재구성된다. 꿈은 그런 기억이 뇌에서 재생되는 한 예라고 할 수 있다. 보관해야 할 정보를 잠을 자는 동안 정리하는 것이다. 물론 깨어 있는 시간에도 우리 뇌는 정보 처리가 가능하다. 하지만 외부 자극이 차단된 수면 상태라면 뇌는 더욱 효과적으로 정보를 편집하는 데 집중할 수 있다.

그럼 정보를 정리하기 위한 최적의 수면 시간은 얼마일까? 하버드대학의 스틱골드Stickgold 박사는 기억력을 향상시키기 위해서는 최소 6시간이 필요하고 더 나아가 뇌를 최적화하기에 가장 효과적인 수면 시간은 7.5시간이라고 말한다. 바쁜 현대인이 매일 7.5시간씩 잠을 자는 것은 어려운 일일지도 모른다. 그렇게 항상 시간에 쫓기는 우리에게 반가운 뉴스도 있다. 스위스 취리히대학의 고트셀리그Gottselig 박사의 논문에 따르면 놀랍게도 눈을 감고 편안히 있는 것만으로도 수면과 동일한 효과를 얻을 수 있다고 한다. 기억력을 강화하는 데 필요한 것은 수면 그 자체가 아니었다. 주변에서 입력되는 정보들을 차단하고 뇌에 독자적인 작업 시간의 여유를 주는 것이었다. 같은 맥락으로 잠깐 선잠을 자는 것도 효과적이다.

이것은 불면증에 시달리는 사람이나 중요한 업무를 하루 앞두고 긴장해 좀처럼 잠을 이루지 못하는 사람에게 큰 도움이 되는 이야기일 것이다. 잠을 이루지 못한다고 스트레스를 느낄 필요가 없다. 하지만 텔레비전을 보면서 취하는 휴식은 효과가 없다. 핵심은 뇌를 외부 세계와 격리하는 것이다.

잠든 동안 기억은 빠르게 재생된다

수면이 기억을 개선한다는 근거로 제시되는 것 중 하나가 쥐의 해마 실험이다. 해마에는 자신이 있는 장소에 대해 반응하는 신경세포가 있다. '장소 A'에 대해서는 '신경세포 A'가 반응하고

'장소 B'에 대해서는 '신경세포 B'가 반응하는 식이다. 장소에 대한 해마의 반응은 상당히 정확하므로 해마의 활동만 모니터하면 쥐가 지금 어디에 있는지 알 수 있는데 수면 상태일 때 이 기억들이 재현되는 듯한 실험 데이터가 나타났다. 가령 미로 속에서 '장소 A → 장소 B → 장소 C → 장소 D' 순서로 여러 번 지나가게 한 쥐를 사육실로 돌려보내 쉬게 하면 그 직후의 수면 중에 해마에서 '신경세포 A → 신경세포 B → 신경세포 C → 신경세포 D'라는 식으로 장소에 대응하는 연쇄 반응이 일어나는 것을 확인할 수 있었다. 잠을 자는 동안에 기억이 재생된다는 것이다.

인간은 하루에 약 1.5시간 정도의 꿈을 꾼다. 그런데 꿈속에서는 기본적으로 그날 겪은 일이 재현된다. 어떻게 그 긴 하루가 1.5시간으로 압축될 수 있는 것일까. 수면 상태에서는 현실보다 훨씬 빠르게 기억이 재생된다. 이를테면 수업 중에 깜빡 조는 동안에도 상당히 긴 내용의 꿈을 꿀 수 있다. 특히 깊은 잠에서는 수십 배 빠르게 재생될 수 있다. 1.5시간이라는 길지 않은 시간 동안에도 하루 24시간 이상의 정보를 충분히 재생할 수 있다. 아쉬운 점이 있다면 꿈은 깨어난 뒤에는 거의 기억할 수 없다는 것이다. 일어난 후에도 생생히 기억나는 꿈은 대개 마지막 눈뜨기 직전에 꾸었던 꿈이나 강한 인상이 남는 기이한 장면이 등장한 꿈뿐이다.

뇌는 꿈을 꾸지 않을 때 무엇을 할까?

꿈은 기억의 단편들을 연결해 새로운 스토리를 만든다. 꿈이란 것은 기억 정보의 정합성을 측정하기 위해 존재하는 것이라는 학자도 있다. 기본적으로 꿈에서는 평범한 일상의 장면들이 무작위로 뒤섞여 재생된다. 그래서 꿈의 내용은 대부분 앞뒤가 맞지 않고 엉뚱하다. 그런 기묘한 꿈일수록 기억에 뚜렷하게 남는다. 이러한 꿈의 환상적인 특징 때문에 예로부터 꿈은 영감이나 예술의 원천이 되기도 했다. 독일의 약리학자 오토 뢰비Otto Loewi는 아세틸콜린이 신경 물질이라는 사실을 밝혀내 노벨상을 수상했는데 그 연구의 힌트를 꿈에서 얻었다고 한다. 원소 주기율표를 고안한 멘델레예프Mendeleev부터 비틀스The Beatles의 「yesterday」에 이르기까지 꿈에서 영감을 얻은 사례는 역사적으로도 수없이 많다.

그럼 그다지 꿈을 꾸지 않는 깊은 잠에 빠졌을 때 뇌는 무엇을 하고 있을까. 그때 뇌는 해마의 기억을 대뇌피질로 전달한다. 얕은 잠일 때 여러 가지 조합을 시도하다가 적당한 조합이 이루어지면 그 정보를 압축해 대뇌피질로 보내는 것이다. 그리고 그 기억은 해마가 아닌 대뇌피질에 저장된다. 다시 말해 해마는 대뇌피질에게 '이 정보를 보존하라' 하고 가르치고 있는 셈이다.

스트레스로 지친 당신에게 필요한 알파파의 힘

뇌파를 자극하면 신체 능력이 달라진다?

긴장을 풀면 뇌파 중 알파파가 나타난다. 게임을 너무 오래 하면 베타파가 줄어든다. 누구나 한 번쯤은 뇌파에 대해 들어본 적이 있을 것이다. 뇌와 관련된 부문 중에서도 뇌파는 특히 자주 접하는 테마다. 하지만 전문가의 입장에서 보면 뇌파에 관한 내용 중 대부분은 근거가 부족하다. 뇌파가 이러니까 정신 상태는 이렇다는 식의 인과관계는 증명하기가 어렵다. 그나마 실증적인 데이터가 있는 뇌파는 세타파와 감마파다. 이 두 가지 뇌파에 관해서는 현재 활발한 과학 연구가 진행되고 있다. 세타파는 기억력과 관련이 있는 뇌파로 새로운 것과 만나거나 모험하는 등 뇌가 외부 세계에 흥미를 느낄 때 주로 나타난다. 이 뇌파의 리듬은 해마의 신경회로를 유연하게 하고 뇌를 감수성이 풍부한 상태로 만든다. 감마파는 집중력과 관계가 있다. 특정한 대상에 몰두하면 뇌 전체에서 감마파가 두드러진 양상을 보인다.

런던대학의 로스웰Rothwell 박사가 뇌의 리듬에 관해 연구한 내용을 소개하겠다. 그는 펄스 자기장을 사용해 뇌를 자극했을 때 몸이 어떻게 반응하는지 연구했다. 보통은 뇌를 자극하면 자극된 뇌 부위에 대응하는 반응이 나타난다. 이를테면 자신의 의사와는 상관없이 다리가 움직이거나 눈앞의 사물이 일그러져 보이는 식이다. 때로는 환각을 느끼기도 하고 과거의 기억이 되살아나기도 한다. 로스웰 박사는 앞선 논문의 실험에서 오른손의 움직임을 제어하는 대뇌피질을 자극했다. 자극을 받은 오른손이 움찔한다. 하지만 이것 자체는 새로운 발견이 아니다. 그의 실험이 흥미로운 것은 지금부터다. 박사가 세타파와 감마파를 조합한 복합 리듬을 사용해 뇌를 자극하자 오른손의 반응 속도가 빨라졌다. 손이 재빨리 움직이게 된 것이다. 그 효과는 자극을 받은 뒤로 1시간 이상이나 유지되었다. 획기적인 발견이다. 과거의 실험에서는 뇌를 자극한 직후에만 반응이 일어날 뿐 효과가 지속되지는 않았다. 이 결과를 통해 세타파와 감마파의 특수성을 확인할 수 있었다.

뇌파 활용의 잠재력은 무궁무진하다. 아직 원시적인 수준이지만 박사는 이른바 인공적으로 운동 신경을 강화한 것이다. 비록 1시간 정도의 효과이지만 뇌를 자극하기만 하면 손쉽게 능력을 높일 수 있다는 소리다. 안전성에도 큰 문제는 없어 보인다. 아마 이것을 적절하게 활용한다면 인간의 능력이나 생활 스타일에 커다란 변화를 초래할지도 모른다. 이와 관련된 새로운 비즈니스도 생겨나지 않을까. 물론 한편으로는 두려운 마음도 있다. 이것은 일종의 도핑doping이다. 운동선수의 도핑은 소변이나 혈액의 약물 농도로 측정된다. 하지만 뇌 자극에 의한 도핑은 어떻게 확인할 수 있을까. 어려운 문제다. 과학은 때로는 양날의 검과 같다. 특히 뇌과학은 미래의 윤리관에 큰 영향을 끼칠 수 있으므로 언제나 스스로를 검열하며 신중하게 나아가야 한다.

주의력이 높아졌을 때 세타파가 나타난다

세타파는 해마 주변에서 나오고 알파파는 주로 대뇌피질에서 나온다. 뇌의 표면에 전극을 대고 뇌를 측정하면 대뇌피질의 알파파나 델타파를 확인할 수 있다. 그에 비해 해마의 피질은 뇌 안쪽에 깊숙이 자리하고 있어 두피의 표면에서는 측정하기 어렵다. 그래서 세타파의 기록이 필요한 연구에서는 해마까지 가느다란 전극을 찔러 실험한다. 또는 뇌에서 해마를 꺼내 직접 전극을 찌르기도 한다. 단, 뇌를 빠져나온 해마에서는 세타파가 나오지 않는다. 이것이 흥미로운 부분이다. 해마만 존재할 때는 신경회로가 움직이지 않는 것이다. 여기에 아세틸콜린 수용체를 자극하는 특수한 약품을 사용하면 해마에서 세타파가 나온다. 세타파는 1초에 5회 정도의 리듬으로 진동하는 뇌파다. 알파파나 베타파보다 느린 주파수다.

이렇게 진동하는 리듬을 만들어내는 장치를 진동자 혹은 발진기oscillator라고 한다. 세타파의 진동자는 해마 속에 있음을 알 수 있다. 아세틸콜린 수용체를 자극하는 것만으로 진동이 시작되기 때문이다. 그럼 아세틸콜린은 어디에서 나타나는 걸까. 뇌 속에는 아세틸콜린을 내보내는 부위가 있는데 그 부위는 해마와 긴밀히 연관되어 있다. 뇌 중격septal의 신경에는 아세틸콜린이 다량 존재하며 그것이 해마와 시냅스를 만든다. 즉 세타파의 원천은 해마 외부에 있으나 세타파를 내보내는 장치는 해마 내부에 있다.

쥐의 행동을 관찰하다 보면 세타파는 항상 방출되는 것이 아님을 알 수 있다. 가만히 쉬고 있을 때는 세타파가 나오지 않는다. 주로 부지런히 움직이고 있을 때 세타파가 방출되는데 그것도 그냥 움직이고 있는 것이 아니라 외부 세계를 흥미롭게 탐색하고 있을 때만 나온다. 특히 새로운 장소에 다다랐을 때 다량으로 방출된다. 쥐의 입장에서 상상해보면 '여긴 어디지? 이리로 가면 뭐가 나올까?' 하고 흥미롭게 생각하며 행동할 때 세타파가 많이 나오는 것이다. 그러므로 쥐의 세타파를 보면 그 쥐가 환경에 흥미가 있는지 어떤지 알 수 있다. 이는 사람도 마찬가지다. 인간의 뇌 역시 흥미와 주의력이 높은 상태일 때 세타파를 방출한다.

세타파의 리듬을 타면 성적이 올라간다

뇌에는 신경 신호가 지나가는 시냅스라는 부위가 있다. 그곳에 변화가 생기는 것을 시냅스 가소성이라고 한다. 뇌에 시냅스 가소성을 일으키려면 시냅스를 반복적으로 강하게 자극해야 한다. 예를 들면 특정 행동을 반복해 습관으로 만들거나 새로운 정보를 반복 학습해 기억으로 저장하는 것이다. 그런데 이때 세타파의 리듬으로 시냅스를 자극하면 자극의 수가 적어도 시냅스 가소성이 효율적으로 일어난다. 세타파는 시냅스를 학습하기 쉬운 상태로 유연하게 만든다. 실제로 뇌에서 방출되는 세타파의 양을 조사하면 시험 성적을 어느 정도 예측할 수 있다는 연구 결과도 있다. 역시나 세타파가 강하게 나올 때가 성적이 가장 좋았다고 한다.

토끼는 200번 반복하면 기억한다

　토끼의 눈에 바람을 분다. 토끼도 인간과 마찬가지로 바람이 갑자기 눈에 닿으면 눈을 깜박거린다. 이것은 단지 반사적인 행동일 뿐이다. 다음에는 토끼에게 신호음을 들려주고 바람을 분다. 이것을 여러 번 반복하자 토끼는 신호음만 울려도 눈을 감게 되었다. 이른바 파블로프의 개와 같은 조건 반사다. 전문 용어로는 '순목 반사 blink reflex'라고 한다. 이것은 해마가 제대로 기능할 때 일어나는 반응이다. 즉 해마의 성능을 측정하기에 알맞은 시험법이다. 인간의 경우 신호음이 울리면 바람이 불 테니 눈을 감으라고 설명하면 금방 신호음과 공기의 인과관계를 알아챌 수 있다. 그런데 말이 통하지 않는 토끼에게는 어떻게 가르쳐주어야 할까. 여러 번 반복할 수밖에 없다. 그렇다면 몇 번이나 반복해야 하는 걸까. 대략 200번 정도 반복하면 기억할 수 있다.
　하지만 그 200번이라는 수치는 어디까지나 생후 6개월 이내인 어린 토끼의 경우다. 생후 2~3년쯤 된 늙은 토끼의 경우에는 800번쯤 반복해야 겨우 기억할 수 있다고 한다. 토끼도 나이가 들면 기억력이 나빠지는 것이다. 나이가 들수록 해마의 성능이 떨어지기 때문인 것 같다. 하지만 이것이 전부는 아니다. 그 논문의 주요 테마는 세타파다.

토끼도 인간처럼 세타파가 많이 나올 때와 그렇지 않을 때가 있다. 그래서 세타파가 많이 나올 때 집중적으로 학습한다면 어떤 결과가 나올까 실험해보았더니 어린 토끼든 늙은 토끼든 거의 비슷하게 우수한 성적을 보였다. 세타파의 도움을 받으면 늙은 토끼의 뇌도 어린 토끼와 비슷한 성능을 발휘할 수 있다는 것이다.

기분 전환만 해도 뇌의 성능이 올라간다

나이가 들어서 기억력이 떨어진다는 것은 잘못된 생각이다. 앞서 소개한 논문에서 기억에 대한 중요한 포인트 두 가지를 알 수 있다. 첫 번째 포인트는 해마의 성능 자체는 나이가 들어도 쇠퇴하지 않고 젊은이와 동일한 능력을 발휘할 수 있다는 것이고 두 번째 포인트는 나이가 들면 세타파가 변한다는 것이다. 세타파는 지적 호기심 같은 흥미나 주의력과 관계가 있다. 세타파가 없으면 뇌의 기능이 저하된다. 결국 뇌 자체의 성능이 문제라기보다는 그 장치를 사용하는 사람의 문제라는 것이다.

우리의 최대 적은 타성에 빠지는 것이다. 타성에 빠지면 세타파는 나오지 않는다. 나이가 들면 매사를 귀찮게 생각하는 경향이 있다. 가족이 곁에 있는 것이나 직장을 가진 것은 사실 매우 감사해야 할 일이다. 하지만 일상이 된 이런 일들을 우리는 당연하게 여긴다. 세타파를 자극하기 위해서는 이 매너리즘을 극복해야 한다.

아이들은 언뜻 기억력이 뛰어난 것처럼 보인다. 물론 특정한 기억력에 대해서는 뛰어난 면도 있다. 그러나 아이들의 뇌 기능이 뛰어난 진짜 이유는 전반적으로 호기심이 강하기 때문이다. 아이들에게는 보고 듣는 모든 것이 신선하다. 삶에 익숙해진 어른과는 전혀 다르다.

그래도 가끔은 매너리즘이 필요하다

매너리즘은 뇌의 성능을 떨어뜨리는데 어째서 뇌는 타성에 젖도록 만들어진 걸까. 자기모순이 아닌가. 그렇게 만들어진 것 자체가 뇌의 결함처럼 보이기도 한다. 물론 이것은 결함이 아니다. 매너리즘은 뇌에 반드시 필요하다.

지금 내 눈앞의 테이블에는 페트병으로 만들어진 차가 놓여 있다. 그것을 보면서 '페트병이 재미있게 생겼네'라고 생각하면 분명 세타파가 나올 것이다. 어렸을 적에 처음 페트병을 봤을 때는 놀라움과 신선함을 느꼈으리라. 하지만 지금은 전혀 신선하지 않다. 페트병은 페트병일 뿐이다. 만약 페트병을 볼 때마다 일일이 놀라며 감격스러워하면 다른 일에 지장을 받는다. 페트병은 페트병으로 순식간에 인식하고 끝내야지 그것에 대해 매번 심각하게 생각한다면 일상생활에 문제가 생긴다. 그러므로 처음 봤을 때는 흥미를 나타내며 탐색하지만 그다음부터는 당연한 존재로 받아들이고 다른 일에 전념하는 체계가 필요하다. 뇌는 신속한 처리와 사무적인 효율을 높이기 위해 익숙함이라는 메커니즘을 지니고 있다. 그것이 곧 매너리즘이다.

하지만 세타파의 실험 데이터에서 알 수 있듯이 매너리즘은 해마의 활동을 억제해 뇌의 성능을 떨어뜨린다는 단점도 있다. 그러므로 우리는 새로움과 익숙함 사이의 균형을 잘 잡으며 뇌의 능력을 제대로 활용하는 법을 배워야 한다.

직장에서 써먹을 수 있는 스트레스 해소법

이제 알파파에 대해 살펴보자. 알파파는 긴장을 풀었을 때 대뇌피질에서 발생한다. 그런데 뇌에서 알파파가 나오는지 어떤지는 자기 자신도 자각할 수 없다. 그것을 감지할 수 있다면 상당히 흥미로운 일이 발생할 것이다. 그와 관련해 실제로 뉴로 피드백이라는 장치가 있다. 스스로는 알 수 없는 뇌의 활동을 기계의 도움을 받아 감지할 수 있도록 고안된 장치다.

이 장치는 알파파가 나오면 모형 전차가 원형 노선을 빙글빙글 돌도록 만들어졌다. 여기서 피험자는 일부러 알파파를 방출하려 노력하지 않고 그저 눈앞의 전차가 달리는 것을 흥미롭게 바라보기만 하면 된다. 그러면 알파파를 자유자재로 내보낼 수 있게 된다. 이제 전차가 달리는 장면을 머릿속에 그리기만 하면 언제든 알파파를 내보낼 수 있다. 일종의 훈련으로 뇌의 긴장을 완화하는 것이다. 뉴로 피드백은 당초에 간질을 치료할 목적으로 개발했으나 지금은 불안증이나 주의력 결핍 등의 치료에도 사용되고 있다.

그 장치는 질병뿐만 아니라 일상생활에도 도움이 된다. 가령 업무로 스트레스를 받았을 때 혹은 동료와 다투어 화가 났을 때 잠깐 진정하고 머릿속에 모형 전차를 떠올린다. 그러면 알파파가 나온다. 사회생활에서 사소한 말다툼이나 신경전으로 소모되는 에너지는 상당하다. 하룻밤 자면서 머리를 식히는 방법도 좋겠지만 뉴로 피드백에서는 가상의 전차를 떠올리는 것만으로도 다시금 냉정을 되찾을 수 있다. 그렇다면 사회생활에서 불필요한 에너지 소모를 줄일 수 있지 않을까.

극단적으로 말하면 초등학교에서 산수나 국어를 가르치는 것처럼 교양 과목으로 알파파를 방출하는 방법을 가르치는 것도 생각해 볼 수 있다. 과학적으로 자제력을 키워주는 훈련을 할 수 있다면 범죄율이 줄어들지도 모른다.

상황에 맞는 최적의 뇌를 찾아라

알파파를 흔히 볼 수 있는 모바일 게임에 응용해도 재미있을 것이다. 미국에는 플레이어가 알파파를 내보내면 운동장의 공이 움직이는 축구와 비슷한 미니 게임도 있다. 상대의 골문에 공을 넣으면 이기는 경기다. 뇌에서 나오는 알파파가 강할수록 공은 상대의 골문에 가까워진다. 즉 긴장이 풀린 쪽이 이기는 게임이다. 일전에 그 게임을 영상으로 본 적이 있는데 열띤 응원전을 벌이는 관객들과 반대로 게임을 하는 당사자들은 상당히 차분한 모습이었다. 뜨거운 열기 속에서 차가우리만큼 냉정한 두 플레이어의 모습을 보는 것은 묘한 느낌이었다.

일반적으로 알파파는 뇌 건강에 좋다고 알려져 있다. 그런데 사실 이것은 상당히 문제가 있는 사고방식이다. 조금만 생각해 보면 금방 알 수 있다. 만약 강도에게 습격당했을 때 알파파가 나온다면 어떨까. 상당히 곤란할 것이다. 그런 상황에서 긴장 완화는 위험하니까. 뇌의 활동 자체에는 좋다거나 나쁘다는 식의 기준을 세울 수가 없다. 종종 머리가 좋아지려면 어떻게 해야 하느냐는 질문을 받는데 상황에 따라 좋고 나쁜 관계가 결정되는 것이기 때문에 일괄적으로 논할 수는 없다. 다시 말하면 상황에 맞는 최적의 뇌 활동을 만들어내는 것이 중요하다. 앞으로 알파파뿐만 아니라 베타파나 델타파 같은 다양한 뇌파를 내보내는 게임도 만들어진다면 여러모로 도움이 되지 않을까.

적게 먹을수록 뇌는 똑똑해진다

'헝그리 정신'이 과학적인 이유

어떻게 하면 뇌를 단련해 기억력을 높일 수 있느냐는 질문을 자주 받는다. 뇌의 기능을 쉽게 향상하는 방법이 있다면 나 자신이 먼저 시도해보고 싶다. 물론 뇌의 특성을 활용해 일시적으로 기억력을 높이는 요령 같은 것들이 있긴 하지만 결국은 노력이 중요하다는 것이 나의 지론이다. 한마디 더 하면 목적을 달성하려는 헝그리 정신이나 다방면에 흥미를 갖는 호기심이 가장 중요하다. 너무 당연한 말이지만 어쩔 수 없다.

물론 뇌의 특징을 이해하다 보면 나름대로 학습 요령이 생기는 것도 사실이다. 우리는 인간이기 이전에 동물이다. 우리의 뇌는 갑자기 완성된 것이 아니다. 오랜 진화 과정을 통해 지금의 형태가 되었다. 그래서 인간의 뇌에는 지금도 원시적으로 야생

생활을 하던 예전의 특성이 일부 그대로 남아 있다.

대자연에서 생활하는 동물들은 언제나 위험에 노출되어 있다. 그 위험에 효과적으로 대응하기 위해서는 적과 만났던 상황이나 적을 피할 수 있는 길을 기억해두어야 한다. 인간의 뇌에도 그런 특성이 남아 있어서 위기를 느끼면 기억력이 순간적으로 상승한다. 예를 들어 겨울이 되면 자연에서는 먹이를 구하기가 힘들어진다. 그래서 동물들은 겨울이 되면 먹이가 있는 곳을 잘 기억하기 위해 기억력이 좋아진다. 사람의 뇌도 마찬가지다. 기온이 낮아지면 뇌의 깊이에 자리한 동물적 본능이 발휘되어 기억력이 좋아지고 업무 효율이 높아진다. 두한족열頭寒足熱이라는 말이 생겨난 이유다.

공복 역시 생물에게는 위기 상황이다. 영양 섭취는 생명과 직접 관련된 일이다. 미국 예일대학의 호바스Horvath 박사는 공복과 뇌의 관계를 결정짓는 놀라운 실험 결과를 발표했다. 그는 그렐린ghrelin이라는 생체 물질에 주목했다. 그렐린은 위장이 비었을 때 방출되는 소화관 호르몬이다. 배가 고프면 혈관을 따라 위장에서 뇌로 그렐린이 전달된다. 그렐린이 시상하부라는 뇌 부위에 작용하면 식욕이 증진된다. 배가 고프면 식욕이 생기는 것도 이 때문이다. 호바스 박사는 학습에 필수적인 해마에도 그렐린이 강하게 작용한다는 것을 확인했다. 그렐린이 해마에 도달하면 시냅스의 수가 30퍼센트나 늘어나고 활동도 활발해진다. 그 때문에 그렐린을 투여한 쥐는 미로에서 빠져나오는 능력도 좋아진다. 역으로 그렐린 유전자가 제 기능을 발휘하지 못하는 쥐는 공복 신호가 해마로 전달되지 않기 때문에 시냅스의 수가 25퍼센트쯤 줄어들면서 기억력도 저하된다. 이런 결과를 보면 영양은 몸에 필요하지만 지나친 과식은 뇌에 좋지 않다는 것을 알 수 있다. 그렐린을 뇌에 전달하기 위해서는 지나친 과식과 불필요한 간식을 삼가는 게 좋다. 결국 해마를 단련하려면 문자 그대로 '헝그리 정신'이 필요하다.

인간의 유전자에 새겨진 언어 창조 능력

공복 상태에서 머리가 맑아진다는 것은 일리가 있는 말이다. 인간은 역시 동물이다. 그러나 반대로 동물이 아닌 인간에게만 있는 것을 탐색하다 보면 또 다른 재미있는 것들을 발견할 수 있다. 인간만이 가진 것 중 흥미로운 하나는 지식욕이다. 뭔가 새로운 것을 이해했을 때의 쾌감을 느끼는 것은 인간만이 가진 특성이다. 사회적 윤리를 생각하고 자기 자신이나 우주의 존재에 대해 고찰하는 고차원적인 사고력을 지닌 것 역시 인간밖에 없다. 이러한 특성이 생겨난 가장 큰 이유는 언어 때문이다. 이 지구에서 오직 인간만이 언어를 사용하는 존재라는 사실은 상당히 신기한 일이다.

인간 이외의 동물도 서로 의사소통을 한다. 하지만 그들은 음성으로 이루어진 신호를 사용할 뿐 언어를 사용하지는 않는다. 고양이의 미묘한 울음, 새가 지저귀는 소리 역시 신호에 지나지 않는다. 그것이 추상적 사고를 가능하게 하는 이른바 내적 언어의 기능으로 이어지지는 않는다는 의미다.

복잡한 사고에는 반드시 언어가 수반된다. 인간은 단지 의사소통의 수단으로만 언어를 사용하지 않는다. 언어는 생각의 도구다. 생각한다는 것. 그 점이 동물과 인간을 구분 짓는다. 역으로 보면 언어 이외의 부분은 상당히 비슷하다고 할 수 있겠다.

고립된 환경에서 자란 아이들은 언어를 배우지 못할 것이라 생각한다. 하지만 인간은 그런 상황에 처하면 새로운 언어를 만들어낸다. 게다가 새로운 언어가 발생할 때면 반드시 그 나름의 문법도 함께 생겨난다. 여기서 흥미로운 점은 주어나 동사 같은 문장을 구성하는 요소는 어떤 언어에든 존재한다는 점이다. 그런 언어의 공통적인 특성을 보편 문법이라고 한다.

말하자면 보편 문법은 유전자에 의해 발생한 것이라고 할 수 있다. 유전자 정보에 따라 언어 영역이 생겨나고 언어 영역에 따라 단어와 문법이 만들어진 것이다. 교토대학에서 사육하는 한 침팬지는 상당히 많은 단어를 기억하지만 문법은 전혀 다루지 못한다고 한다. 아무리 우수한 지능을 가진 침팬지라도 인간이 가르쳐주지 않으면 스스로 언어를 습득할 수 없다. 침팬지의 뇌에는 인간의 뇌에 탑재된 언어를 구사하는 능력이 없기 때문이다.

단맛과 쓴맛의 정도가 사람마다 조금씩 다른 이유

언어는 인간의 마음을 만든다. 아프다는 느낌은 과연 무엇일까. 물론 대뇌피질의 동정 뉴런이 있으므로 타인의 고통을 사회적 감정 이입이라는 형태로 유추할 수는 있다. 하지만 신경회로가 타인의 뇌와 직접 연결된 것은 아니므로 타인의 통증을 직접 통각으로 실감할 수는 없다. 그래서 권투 같은 격투기가 오락이 될 수 있다. 만약 타인의 물리적 통증까지 직접 느낀다면 사람들은 격투기를 편한 마음으로 볼 수 없을 것이다.

그렇다면 통증이란 무엇인가. 통증이 어떤 감각인지는 누구나 충분히 알고 있다. 그런데 그 통증은 타인이 느끼는 통증과 같은 것일까. 예를 들어 도마뱀은 얼마나 통증을 느낄까. 스스로 꼬리를 잘라냈을 때 얼마나 아플까. 송사리에게 잡아먹힌 물벼룩은 통증을 느낄까. 사자에게 물어뜯긴 얼룩말은 어떤 기분일까. 그 모두가 인간의 이해 범위를 넘어선 것이다. 그것은 일종의 벽이라고 생각한다.

박쥐는 초음파만으로 주변의 풍경을 시각적으로 인식하는데 그게 어떤 느낌인지 우리는 상상조차 할 수 없다. 비슷한 예로 내 눈에 보이는 물체의 모양이 과연 타인에게도 똑같은 모양으로 보일까. 내 눈에 보이는 빨간색이 타인의 눈에도 똑같은 빨간색으로 보이는 걸까. 사실 이 점에 대해서는 정답이 나와 있다. 인간의 망막은 색을 느끼는 안테나가 저마다 조금씩 다르다.

특히 빨간색을 느끼는 색소 유전자는 사람마다 흡수하는 빛의 파장이 몇 나노미터씩 차이가 난다. 유전자에 따라 빨간색이라고 느끼는 파장은 미묘한 차이를 보인다. 인간이 지닌 광색소 유전자는 근연종인 침팬지에 비해 훨씬 다양한데 그렇게 진화한 이유는 아직 불분명하다.

그와 관련해 단맛이나 쓴맛을 느끼는 혀의 감각 유전자도 사람에 따라 다르다는 내용의 논문이 최근 몇 년 사이에 빈번하게 보고되고 있다. 아무래도 맛을 느끼는 정도에도 커다란 개인차가 있는 것 같다. 자신이 맛있다고 느끼는 요리가 타인에게는 그렇지 않은 경우가 있다. 모두 미묘한 유전자의 차이가 만들어낸

다양성이다.

전 세계에서 통하는 언어

최근에 확인된 과학적 내용을 살펴보면 우리가 평소에 느끼고 있는 감각 세계에는 개인차가 있다. 그런데도 우리는 빨간색이라든지 맛있다는 말을 공통적으로 사용한다. 곰곰이 생각해 보면 이것은 무척 신기한 일이다. 사람마다 다른 심상에 대해 모두가 똑같은 말로 표현하고 있는 것이니까. 철학 분야에서는 그 문제가 오래전부터 언급되었다. 칸트는 감성이나 오성 따위의 용어를 도입해 개성과 보편성의 분리를 꾀했고 헤겔은 그런 상반된 용어를 통일하기 위해 언어의 중요성을 강조했다.

인간이 미각이나 시각, 통각 같은 생생한 감각을 자기 내부에 만들어내거나 혹은 그것을 신기하게 생각하는 것도 인간이 언어를 갖고 있기 때문이다. 물론 동물에게도 느낌이나 마음은 있겠지만 언어가 없으므로 인간처럼 선명하게 느끼지는 못할 것이다. 물론 이것은 아직 증명되지 않은 나만의 생각이다. 하지만 인간과 동물의 차이를 생각해 보면 어느 정도 일리가 있는 말이지 않을까.

당신의 기억은 왜곡되었다

대충할 거라면 시작하지도 말 것

학습법에 관한 책을 읽어보면 기억한 것을 계속 저장해두기 위해서는 여러 번 떠올리며 복습하는 수밖에 없다고 말한다. 하지만 최근 뇌과학계에서는 복습에 대한 새로운 견해들이 나오고 있다. 무조건 복습만 하면 된다는 주장은 아무래도 잘못된 것 같다.

뇌가 기억하려면 몇 가지 복잡한 단계가 필요한데 간략히 분류하면 획득, 고정, 재생, 이 세 가지 단계로 나눌 수 있다. 비즈니스 현장에서 초면인 상대의 이름을 기억해야 하는 상황을 생각해 보자. 첫 번째는 이름을 아는 것이다. 이름을 모르면 아무것도 시작할 수 없다. 정보를 뇌에 전송하는 것이 첫 번째 기억 단계인 '획득'이다. 다음에는 그 정보를 보존해야 한다. 뇌에 정보를 등록하는 과정이 바로 두 번째 기억 단계인 '고정'이다. 그리고 그 기억을 떠올리는 작업이 마지막 단계인 '재생'이다. 어떤 의지와 상관없이 언제나 뇌는 이 단계들을 거친다. 사회생활에서 가장 중요한 것은 두 번째 단계인 고정이 아닐까. 상대방의 얼굴과 이름을 기억하는 것. 강한 인상을 가진 상대라면 애쓰지 않아도 쉽게 기억에 남겠지만 상대가 특징이 없는 평범한 사람이라면 쉽게 잊어버릴 수 있다. 좀처럼 사람들의 얼굴과 이름을 기억할 수 없다면 기억을 고정하는 데 문제가 생겼을지도 모른다.

실제로 뇌 속을 들여다보면 고정은 다른 단계보다 복잡한 단계를 거치는데 이때 기억을 위한 특정한 유전자들이 작용한다. 그 유전자에서 필수적인 분자가 합성되지 못하면 기억을 고정할 수가 없다. 여기서 흥미로운 점은 일단 기억이 뇌에 등록되면 더는 유전자가 필요치 않다는 것이다. 유전자가 없어도 기억의 재생이 가능해진다. 다시 한번 정리하자. 기억하려면 유전자가 필요하지만 상기하는 데는 유전자의 활동이 필요치 않다.

뉴욕대학의 네이더Nader 박사는 기억하는 과정에는 또 하나의 단계가 있다고 한다. 그는 그 네 번째 단계를 재고정화再固定化라고 명명했다. 재고정화는 다음과 같이 발견되었다. 기억을 재생하는 도중에 약물로 유전자의 작용을 방해한다. 물론 상기만 할 때는 유전자가 필요치 않으므로 그 자리에서는 기억력이 정상으로 보였다. 하지만 이렇게 유전자가 활동하지 않는 상태에서 떠올린 기억은 이후에 뇌에서 완전히 사라져버렸다. 기억의 재생은 기억의 재고정화에 매우 중요한 역할을 한다. 재고정화에 의한 문제들은 일상적으로 발생한다. "어, 조금 전까지 기억하고 있었는데"라는 식의 상황이 그것이다. 마지막에 떠올렸을 때의 재생 방법이 부적절했기 때문에 기억이 모호해진 것이다. 모호한 기억의 재생으로 우리 머릿속에 존재했던 정확한 기억은 종종 손상되기도 한다.

학습에 복습은 필수적이다. 복습 없는 학습은 있을 수 없다. 하지만 불충분한 복습은 오히려 학습을 방해한다. 앞서 말했듯 부정확한 학습 정보가 정확한 정보를 망칠 수도 있다. 재고정화 효과 탓에 때로는 복습하지 않은 과목의 성적이 더 높게 나올 수도 있다. 이 문제를 해결하기 위해서라도 평소에 복습은 정확하고 확실하게 하는 습관을 들이는 것이 좋다.

떠올릴수록 왜곡되는 기억

뇌의 해마는 정보를 일시적으로 보존한다. 이후 기억이 뇌에 완전히 고정되면 해마는 더 이상 그 기억에 관여하지 않는다. 그럼 고정된 기억은 뇌 속에서 어떤 상태로 보존될까. 그리고 한번 고정된 기억은 언제까지 뇌 속에서 보존될 수 있을까. 동물의 행동 분석을 통해 밝혀진 사실은 기억한 정보는 일단 안정된 상태를 유지하지만 영원히 보존되는 것은 아니라는 점이다.

기억이 가장 불안정한 상태는 그것을 머릿속에서 다시 떠올리려고 할 때다. 그때 확실히 떠올리지 못하면 기억은 왜곡되거나 뇌에서 완전히 사라져버린다.

기억과 항생물질의 기이한 관계

기억 형성을 방해하는 아니소마이신Anisomycin이라는 약물을 투여하면 그 약효가 나타나는 동안에는 사물을 기억할 수 없다. 아니소마이신은 합성제가 아닌 자연계에 존재하는 방선균이라는 세균에서 발견되었다. 방선균은 흙 속에서 사는 흔한 균이다. 곤충의 사체가 분해될 때 방선균이 있으면 다른 세균이 번식하기 어려워진다. 그래서 농장에서는 병원균을 제거하려 일부러 비료에 방선균을 섞기도 한다. 다른 세균이 번식하지 못하는 것은 방선균이 독소를 내뿜기 때문이다. 방선균은 그 독소로 주변의 세균을 모조리 죽이고 자신만이 생존한다.

우리 인간은 그 독소를 적극적으로 이용한다. 독소는 병원균을 없애므로 감염증이나 화농 같은 나쁜 균이 몸에 번식할 경우 그 독소를 이용해 치료할 수 있다. 우리는 그렇게 도움이 되는 독소를 항생물질이라고 부르면서 독이 아닌 '약'으로 취급한다. 의약품 시장에는 다양한 항생물질이 판매되고 있는데 그 대부분은 방선균에서 발견한 것이다. 아니소마이신 역시 방선균이 만들어낸 항생물질이다.

다시 뇌 이야기로 돌아와 보자. 미생물이 만든 보잘것없는 화학물질이 포유류의 기억을 방해한다니 참으로 신기한 일이다. 아니소마이신은 주로 해마에 작용한다. 실제로 해마를 전기로 자극하면 시냅스의 전달 효율이 높아지는데 이때 아니소마이신을 투여하면 해마의 시냅스가 증가하지 않는다. 역으로 일단 기억이 고정되고 안정화되면 아니소마이신을 투여해도 기억은 사라지지 않는다. 일단 고정 기억으로 자리잡은 정보는 아니소마이신에 대해 내성이 있어 그 약을 투여해도 평소와 같이 떠올릴 수 있다. 그 실험 결과를 보면 아니소마이신이 기억의 획득과 고정, 재생이라는 세 가지 과정 중에서 '획득'의 과정만 방해한다는 사실을 알 수 있다.

영원한 기억은 존재하지 않는다

재고정화는 뜻밖의 발견이었다. 아니소마이신을 투여해도 우리 뇌는 모든 기억을 정상적으로 떠올릴 수 있었지만 이후에 재고정화 과정에서 오류가 발생하면 다시는 그 기억을 제대로 떠올릴 수 없었다. 물론 아니소마이신의 약효가 떨어지면 기억은 정상으로 돌아왔다.

기억을 떠올리는 행위는 뇌의 안정된 기억을 불안정하게 만든다. 굳이 비유를 들자면 서랍 속의 볼펜을 꺼내서 사용한 뒤 다시 제자리에 놔두지 않으면 다음에 사용할 때 어디에 뒀는지 잊는 것과 비슷하다. 만약 그때 볼펜을 사용하지 않았다면 서랍 속의 펜을 금방 찾아낼 수 있었을 것이다.

아무리 머릿속에 단단히 고정한 기억이라고 해도 영원히 그 상태를 유지할 수는 없다. 기억이란 접근하기만 해도 다시금 불안정해지는 성질을 가지고 있다. 아쉽지만 인간의 뇌는 컴퓨터의 하드디스크가 아니다.

잊으려고 술을 마시면 더 또렷해지는 아이러니

그런 기억의 특성을 역으로 이용하려는 학자도 있다. 앞서 소개한 아니소마이신 실험의 핵심은 일단 뇌에 저장된 기억을 약물 투여로 지워버릴 수 있다는 것이다. 이른바 인위적인 기억 소거라고 할 수 있다.

세상에는 기억이 사라지지 않아 괴로워하는 사람도 있다. PTSD post traumatic stress disorder 환자가 그 대표적인 예다. PTSD는 외상 후 스트레스 장애의 영어 약자로 충격적인 사건에 대한 기억이 트라우마가 되어 공포감이나 무력감 등이 증상으로 나타난다. 그런 기억은 지워버리는 편이 좋은데 그 치료에 기억의 재고정화를 이용할 수 있다. 그 밖에도 약물에 대한 기억을 인위적으로 지워 약물 중독을 치료할 수도 있을 것이다. 동물 실험의 수준이지만 편도체나 측좌핵 등의 뇌 부위에 기억을 불안정화하는 약물을 투여해 코카인 중독을 치료한 사례가 논문으로 발표되기도 했다.

기억을 지울 수 있는 다른 방법 중에 일반적으로 생각할 수 있는 것은 음주다. 누구나 한 번쯤은 술을 마시고 기억이 끊긴 경험이 있을 것이다. 내가 소속된 연구소에서 바로 이것과 관련된 쥐 실험을 진행했다. 알코올과 기억 재고정화의 상관관계를 조사한 것이다. 먼저 쥐에게 전기 충격과 같은 부정적인 기억을 심고 알코올을 투여한 뒤 다음 날 어떻게 되었는지 살펴보았다. 놀랍게도 전기 충격의 기억은 사라지기는커녕 오히려 더 선명해지는 결과가 나타났다.

다시 말해 떠올리기 싫은 기억을 떠올리면서 알코올을 마시면 그 기억은 더욱 강화된다는 것이다. 아직은 쥐를 대상으로 한 실험일 뿐이지만 어쩌면 사람도 마찬가지일 수 있다. 충격적인 사건을 잊기 위해 술을 마시면 결과적으로 그 기억이 더욱 선명해질 수 있다. 이 실험을 확대해석하면 술을 마시면서 회사나 동료에 대한 불평을 늘어놓는다면 불쾌했던 그 기억이 더욱 선명해지므로 삼가는 게 좋아 보인다. 역시 술은 즐겁게 마셔야 한다.

PART 3

살찔 걱정 없이 먹게 될 날이 온다

배가 부른데도 멈출 수 없는 까닭은

"이 시대 최고의 베스트셀러는 요리 책이고 두 번째는 다이어트 책이다." 이것은 CBS 뉴스 해설자인 앤디 루니Andy Rooney의 말이다. 맛있는 음식은 먹고 싶지만 살찌고 싶지는 않다. 그런 모순 속에서 갈팡질팡하는 인간의 모습이 이 한마디 유머에 집약되어 있다.

비만의 원인은 거의 예외 없이 지나친 과식이다. 요즘 사람들은 외모를 이유로 살이 찌는 것에 대한 강한 두려움을 가지고 있는데 비만은 비단 외모뿐만 아니라 건강에도 치명적이다. 중간 정도의 비만은 평균 수명을 2~5년 단축하고 중증 비만은 5~10년을 단축한다. 당뇨병, 지방간, 뇌졸중, 심장질환 같은 성인병이 비만에서 비롯된다는 것은 널리 알려진 사실이다. 더 나아가 비만은 무호흡증 같은 수면 장애까지 일으키는 심각한 문제다. 그런데 뇌과학자인 내가 왜 비만에 대해 언급하고 있을까. 비만과 뇌는 아무 관계가 없는 것 같지만 사실은 그렇지 않다. 반대로 그 두 가지는 매우 밀접한 관계라고 말할 수 있다.

몇 년 전 유전적으로 비만 체질인 쥐를 연구한 결과 중요한 사실 하나가 발견되었다. 그 쥐는 유전적으로 비만에 당뇨병 증세도 함께 보였는데 체내에 렙틴leptin이라는 호르몬이 매우 부족했다. 지방세포로 만들어진 렙틴은 혈류를 타고 뇌에 도달해 시상하부를 자극함으로써 식욕을 억제한다. 몸에 '그만 먹어'라는 신호를 보내는 것이다. 그런데 비만한 쥐는 이 렙틴이 부족해 식욕을 억제하지 못했다.

인간의 본능에는 세 가지 기본 욕구가 존재한다. 식욕과 성욕과 수면욕이다. 그 욕구의 공통된 특성은 어느 정도 충족이 되고 나면 만족이라는 감정을 느낀다는 점이다. 만족하면 더는 원하지 않는다. 우리는 배가 부르면 아무리 맛있는 음식을 보더라도 식욕을 느끼지 않는다. 오히려 불쾌감을 느끼기도 한다. 반면에 금전욕이나 권력욕, 독점욕 같은 세속적인 욕망은 만족할 줄 모르고 끝없이 추구하기도 한다. 한계가 없는 욕망은 추하다. 비만해진 쥐는 억제되지 않는 욕망이 얼마나 위험한지 보여준다.

추후 렙틴은 비만 치료에 응용할 수 있다는 사실이 발표되면서 한층 더 주목받게 되었다. 비만한 쥐에게 렙틴을 투여하자 식사량이 감소하고 체중도 30퍼센트나 줄어든 것이다. 그 효과는 사람에게도 유효했다. 여기까지는 렙틴 치료가 상당히 순조로워 보인다. 하지만 실상은 그렇게 간단치 않다.

풍요로운 현대 사회에서 비만 인구는 계속 증가하고 있는데 그중 상당수는 렙틴 유전자와 관계가 없는 생활 습관에서 기인한 것이다. 그런 일반적인 비만에는 렙틴이 전혀 효과가 없다. 연구 통계에 따르면 오히려 그들 중 대부분은 정상인보다 체내 렙틴의 양이 더 많은 것으로 나타났다. 체내의 렙틴이 지방 과잉이라는 경고를 보내고 있음에도 불구하고 뇌는 아무것도 느끼지 못하는 상태라는 뜻이다.

처음 발견했을 당시만 해도 커다란 기대를 모았던 렙틴 치료가 비만인의 렙틴 내성으로 난관에 봉착했다. 역시 약물 치료는 어려운 일인가. 서서히 실망하는 분위기로 돌아설 즈음 뜻밖의 돌파구를 발견했다. 마리화나가 그것이었다. 마리화나에 중독된 사람 중에는 비만이 많다. 마리화나는 테트라하이드로카나비놀THC이라는 긴 이름의 화학물질을 함유하고 있는데 그것이 시상하부에 작용해 식욕을 촉진하기 때문이다. 뇌에도 그 화학물질과 비슷한 물질이 존재한다. 그 뇌 호르몬은 체내에 있는 대마라는 의미에서 엔도카나비노이드endocannabinoid라고 불린다. 엔도카나비노이드는 식욕을 자극해 과식을 유발할 뿐만 아니라 몸의 세포에도 작용해 지방 축적을 촉진한다. 그렇다면 엔도카나비노이드의 작용을 억제하면 어떻게 될까. 실제로 한 제약회사에서는 리모나반트rimonabant라는 엔도카나비노이드 억제제를 제조해 동물로 시험해보았다. 그러자 정말로 체중 감량 효과가 나타났다. 곧바로 사람을 대상으로 실험을 했다. 그 실험 보고서에 따르면 리모나반트를 1년간 복용하자 체중이 평균 8.8킬로그램 줄어들고 혈중 콜레스테롤은 17.4퍼센트 감소한 것으로 나타났다. 특히 체중의 5퍼센트 이상 감량한 사람이 전체의 62퍼센트, 10퍼센트 이상 감량한 사람이 32퍼센트나 되는 결과를 얻었다.

비만과 관련된 연구는 머지 않아 치료 수준을 뛰어넘게 될 것이다. 앞으로 사람들은 누구나 간단한 약물이나 시술을 통해 원하는 만큼 쉽게 체중을 감량하고 맛있는 걸 아무리 많이 먹어도 살이 찌지 않게 될지도 모른다.

혈관이 늙으면 몸도 병들기 시작한다

최근 후생노동성이 발표한 일본인의 사망 원인 1위는 암이다. 이는 전체 사인의 30퍼센트를 차지한다. 두 번째는 심근경색 같은 심질환이고 세 번째는 뇌경색이나 뇌출혈 같은 뇌질환으로 각각 15퍼센트 정도씩을 차지하고 있다. 이 세 가지가 전체 사망원인의 60퍼센트 이상을 차지하는 것이다. 사실 3위인 뇌질환과 2위인 심질환은 부위만 다를 뿐 똑같은 혈관계 질병이다. 그러므로 2위와 3위는 같은 원인으로 발생한다고 생각해도 좋을 것이다. 그 2가지를 합치면 암을 제치고 사망 원인의 1위가 된다.

    1시간쯤 정좌하고 있으면 다리가 저린다. 그것은 앉아 있는 동안에 오금의 혈관이 압박을 받아 혈류가 제대로 순환되지 못하기 때문이다. 다리 저림은 몇 분쯤 지나면 저절로 낫기 때문에 별다른 문제가 없다. 더 심각한 상태, 이를테면 혈류가 완전히 멈추면서 세포가 괴사해 다리를 절단해야 하는 상황이 되더라도 생명에는 지장이 없다. 그런데 뇌나 심장의 혈관이 막히면 생명이 위태로워진다. 나이가 들면 신체 부위 곳곳에서 혈관이 막힌다. 그렇게 혈액 순환이 멈추면서 주요한 장기에 경색이 일어나면 죽음에 이르게 된다.

몸에 나쁠수록 맛있어지는 음식의 진리

    혈액 순환이 제대로 되지 못하는 이유는 대개 콜레스테롤이나 중성지방 같은 지방분이 혈관을 막기 때문이다. 그런데 지방분은 맛을 내는 성분 중 하나다. 음식이 맛있다고 느끼게 만드는 주성분이 바로 이 지방이다. 다랑어가 맛있는 것도, 성게가 맛있는 것도, 차돌박이가 맛있는 것도 모두 지방 때문이다. 하지만 그런 고지방 음식은 자칫 혈관을 막을 수 있다. 약간 극단적으로 표현하면 장수하고 싶으면 맛있는 음식을 피해야 한다. 물론 된장이나 정어리처럼 맛있고 몸에 좋은 식품도 많이 있지만.

수명을 늘리는 가장 좋은 방법은 식사량을 줄이는 것이다. 식사량의 30퍼센트만 줄여도 평균 수명은 상당히 늘어난다. 이것은 인간뿐만 아니라 생물 전반에 적용된다. 식사량을 줄이면 가계의 식비도 30퍼센트나 절약될 뿐만 아니라 건강에도 좋으니 일거양득이다. 간단해 보이지만 실제로 해 보면 식사의 양을 줄이는 일이 쉽지만은 않다는 것을 알게 될 것이다.

비만은 죽음의 직접적인 원인은 아니다. 하지만 고혈압이나 당뇨 같은 성인병의 원인이 된다. 이것은 죽음과 직접 관련된 질병이다. 즉 비만은 죽음을 재촉하는 요인이다. 미식 생활은 이른바 완만한 자살 행위인 셈이다. 성인병 환자는 계속해서 증가하는 추세다. 환자가 늘어남에 따라 앞으로 비만 치료와 관련한 분야들은 더욱 급속도로 발전하지 않을까.

기억력을 높이는 약도 출시될까?

원래 약이란 질병을 고치기 위한 것이다. 그런데 최근에는 그 양상이 약간 달라지고 있다. 발기부전이나 탈모는 암이나 심근경색처럼 몸을 해치는 질병이 아니다. 그러나 요즘은 이런 증상들을 치료하는 약품들이 시장에 쏟아지고 또 날개 돋친 듯 팔려 나간다. 이 약품들의 목적은 질병을 치료하는 것이 아니다. 일상생활에서 신경이 쓰이는 부분을 약으로 보완하는 것이다. 이처럼 생활의 질을 향상하기 위한 약을 생활 개선제라고 한다.

앞으로는 체력을 강화하는 약, 집중력을 높이는 약, 날씬해지는 약 등 더욱 다양한 방면의 생활 개선제가 출시되지 않을까. 날씬해지는 약, 즉 비만 치료제는 전통적인 치료제로서의 측면과 새로운 개념인 생활 개선제로서의 측면을 모두 갖추고 있으므로 더욱 유망한 시장이라고 본다. 그렇게 되면 정말 과체중으로 건강상의 문제를 겪고 있는 환자뿐만 아니라 단지 맛있는 음식을 마음껏 먹고 싶거나 혹은 운동을 하지 않고 손쉽게 살을 빼려는 사람들까지 애용하게 될 것이다.

쾌락보다 공포나 불안을
강하게 느끼도록 설계된 인간

무지개의 색깔은 일곱 가지가 아니다

하늘에 걸린 일곱 빛깔의 다리. 이런 말을 들으면 누구든 무지개를 떠올릴 것이다. 태양 빛이 엮어내는 예술적인 프리즘은 오래전부터 자주 접해온 자연 현상이다. 그런데 무지개의 색은 정말 일곱 가지일까? 태양 빛을 분광 분석하면 빛의 파장은 연속적이기에 일곱 가지로 분리할 수 없다는 것을 알 수 있다. 실제로 무지개의 색을 일곱 가지로 정하는 나라는 많지 않다. 영국이나 미국에서는 여섯 가지, 프랑스나 중국에서는 다섯 가지로 정하고 있다. 일본에서도 무지개의 색을 일곱 가지로 정한 것은 근대로 접어들기 직전으로 그 이전에는 이렇게 세분화하지 않았다. 똑같은 무지개를 보더라도 문화적 배경에 따라 마음에 떠오르는 색깔의 숫자가 달라질 수 있다. 뇌는 눈앞에 있는 사실이 아니라 '확신'이라는 색안경을 통해 허구를 바라보고 있는 셈이다.

이 확신이라는 함정을 연구하기 위해 미국 위스콘신대학의 니츠케Nitschke 박사는 사람들이 느끼는 맛에 대해 조사했다. 피험자 43명에게 포도당 같은 달콤한 화합물과 퀴닌quinine 같은 씁쓸한 약물을 다양한 농도로 제시한 뒤 얼마나 유쾌하게 혹은 불쾌하게 느꼈는지 질문했다. 그와 동시에 제1차 미각 영역의 활동을 모니터했다. 제1차 미각 영역은 혀로 감지한 미각 정보를 처음 처리하는 대뇌피질이다.

니츠케 박사는 여기서 약간의 트릭을 사용했다. 화합물을 건네주기 전에 그것이 상당히 불쾌한 맛이라든지 약간 불쾌한 맛이라는 식으로 미리 정보를 주었다. 그런데 그중에는 간혹 잘못된 정보가 포함되어 있었다. 그때 뇌는 어떻게 반응할까. 상당히 진한 퀴닌을 건네주면서 아주 약간 불쾌한 맛이라는 잘못된 정보를 주자 제1차 미각 영역은 본래의 쓴맛에 비해 약하게 반응했다. 피험자에게 어떤 맛이었는지 물어보자 쓴맛의 정도가 약하다고 평가했다. 반대로 상당히 불쾌한 맛이라고 알려준 뒤 실제로 상당히 쓴 퀴닌을 건네주자 제1차 미각 영역은 똑같은 쓴맛을 한층 더 강하게 느꼈다. 단맛에 대해서도 비슷한 결과를 얻을 수 있었다.

이 연구 결과로 잘못된 선입견이 본래의 맛을 평가하는데 방해가 된다는 것을 알 수 있었다. 요리는 맛뿐만이 아니라 모양이나 식기, 분위기까지 포함한 종합예술이라고 하는데 이는 뇌 과학적으로도 틀린 말이 아니다. 인간의 모든 판단에는 선입견이 영향을 미친다. 전자제품이 가득 진열된 매장에서 제일 먼저 눈이 가는 물건은 무엇인가? 아마도 언젠가 광고에서 본 적 있는 제품일 것이다. 또 소개팅에 나가기 전 소개팅 상대에 대한 칭찬을 미리 많이 듣게 되면 어떨까? 그 자리를 조금 더 성의 있게 임하게 된다. 사람의 마음은 상상했던 것 이상으로 외부의 정보에 많은 영향을 받는다.

습관적으로 거짓말하는 뇌

위의 니츠케 박사의 실험에 대해 다시 한번 이야기를 나눠 보자. 혀로 받아들인 맛에 관한 정보는 기본적으로 제1차 미각 영역에서 먼저 처리되고 그 정보가 뇌의 상위로, 또 상위로 보내지는 릴레이 방식으로 이루어진다. 정보는 상위로 전달될수록 점점 고차원적이고 추상적으로 바뀐다.

그러므로 외부의 정보인 맛을 가장 사실 그대로 정확하게 감지하는 것은 제1차 미각 영역이다. 그런데 우리가 하는 생각에 따라 제1차 미각 영역은 다르게 반응한다. 같은 음식인데도 '맛이 있을 것이다' 혹은 '없을 것이다'라는 선입견만으로도 맛을 다르게 느낀다는 말이다. 니츠케 박사의 논문은 뇌가 얼마나 완고한지 얼마나 편견에 가득 차 있는지 여실히 보여준다.

지도에는 자신의 집을 가장 크게 그린다

뇌는 정보를 어떻게 왜곡하고 있을까. 어린이에게 전국 지도를 그려보라고 하면 우선 자신의 집을 크게 그리고 다음에 동네 주변을 그린다. 그중에서도 유치원이라던가 놀이터라던가 본인이 잘 아는 장소는 유난히 확대해 그린다. 세계지도도 마찬가지다. 세계지도를 그려보라고 하면 어느 나라 사람이든 우선 자국을 크게 그리고 다음에 주변국들로 지도를 채워나간다. 그것은 본인이 흥미가 있거나 소중하게 여기는 것이 뇌에서 크게 인식되기 때문이다. 이처럼 스스로 가치 있다고 판단하는 정보에 강하게 반응하는 것은 지극히 자연스러운 일이다. 우리의 몸과 뇌는 일상생활과 상호작용을 하고 있으므로 정보를 약간 왜곡하더라도 소중한 것은 크게 표현하는 것이다.

이에 관해 고전적인 예로 신경의학자 펜필드Penfield가 그린 '뇌 지도'가 있다. 뇌 속에서 인체의 각 부위에 대응하는 곳이 어디인지 하나씩 조사해 지도를 만든 것인데 그것을 보면 팔에 대응하고 있는 곳보다 손이나 손가락, 특히 집게손가락에 대응하는 뇌의 세포가 많은 것을 알 수 있다. 중요한 부위인 손에 뇌가 에너지를 많이 사용하고 있다는 사실을 반영한 것이다.

선입견과 편견으로 똘똘 뭉친 뇌

뇌는 완고하다. 그 때문에 우리는 일상생활에서 주의가 필요하다. 물론 스스로의 생각을 믿는 것은 중요하다. 하지만 일단 그렇다고 단정해버리면 거기에서 더는 벗어나지 못한다. 선입견은 새로운 발상, 새로운 가능성, 새로운 기준을 더 이상 생각할 수 없게 한다.

사람은 어째서 단정해버리는 것일까. 눈앞에 있는 사물을 보면서 이것은 컵일까, 종이일까, 연필일까 하고 매번 의심하게 된다면 그것도 큰일이다. 더 나아가 매번 컵이란 무엇인가 일일이 생각하게 된다면 일상생활을 원활하게 이어가기 어렵다. 그보다는 단순히 컵이라는 사실을 받아들이고 깊이 생각하지 않는 편이 다른 중요한 작업을 처리하는 데 도움이 된다. 선입견과 확신은 뇌의 처리 속도를 빠르게 한다. 그러나 이것은 앞서 언급한 것처럼 자칫 한쪽으로 치우친 사고방식을 초래할 수도 있으므로 주의가 필요하다.

동물도 감정을 느낄까?

실험 쥐를 관찰하다 보면 쥐는 즐거움이나 슬픔 같은 감정을 얼마나 느낄까 생각할 때가 있다. 만에 하나 쥐가 감정을 느낀다 해도 인간만큼 뚜렷하지는 않을 것이다. 쥐가 말을 할 수 있는 것도 아니므로 정확히 알 수는 없지만 실험 쥐를 오래 지켜본 내 나름대로 내린 결론이다. 물론 과학적인 근거가 있는 것은 아니다.

쥐가 어떤 종류의 감정을 얼마나 느끼는지는 알 수 없지만 두려움은 느끼는 것이 틀림없다. 두려움이라는 감정은 생존과 밀접하기에 인간만큼 감정이 발달하지 않은 하등동물도 비교적 선명하게 느낄 수 있다. 진화에 관해 이야기할 때 인간은 하등동물이 느끼지 못하는 즐거움이나 유머 같은 긍정적인 감정을 느낄 수 있으므로 고등하다고 말하는 사람도 있다. 그렇게 생각할 수도 있겠지만 오히려 나는 반대의 입장이다. 즐거움이라는 감정이 인간이나 원숭이 같은 일부 동물에게만 있는 것이라면 즐거움이라는 감정은 생물에게 그다지 중요치 않은 게 아닐까?

인간의 대뇌피질은 상당히 발달해 있다. 반면 쥐의 뇌를 보면 작고 주름도 없다. 대뇌피질 이외의 부분이 더 크다. 대뇌피질은 인간처럼 고차원적인 지능을 생성하는 데는 중요하지만 기본적인 생명 유지에는 꼭 필요한 것이 아님을 알 수 있다.

우리는 부정적인 감정에 취약할 수밖에 없다

사실 하등동물이 갖추고 있는 감정이야말로 생명을 영위하는 본질이다. 그러므로 쥐가 공포를 느끼는 것은 공포감이 생명을 유지하는데 중요하기 때문이라고 말할 수 있다. 숲을 걸어가다가 뭔가가 있다는 것을 알아챘다. 그것이 자신에게 위험한 존재가 아닐 수도 있지만 일단 경계하는 것이 좋다. 바로 그 경계가 공포라는 감정으로 표현된다. 숲에서 만난 정체불명의 뭔가를 안전한 존재라고 판단했다가 목숨을 잃는 것보다는 판단에 약간의 실수가 있더라도 그 존재에 빠르게 공포를 느끼는 편이 동물에게는 유리하다.

그 때문에 동물의 뇌는 유쾌한 정보보다 불쾌한 정보가 더 강하게 느껴지도록 설정된 것이 아닐까. 부정적인 감정이 우선 뇌의 근간에 존재하고 거기에 가지나 잎이 붙는 형태로 즐겁고 유쾌한 감정이 생겨났을 것이다. 나는 인간이 우울증에 걸리는 것도 공포감이나 불안감이 강하기 때문이라고 생각한다. 우울증은 동물의 진화 과정 중 생겨난 것으로 주변에 대한 경계심과 관계가 있을지도 모른다.

술은 정말 스트레스 해소에 도움이 될까?

당신은 언제든 스트레스에서 벗어날 수 있다

요즘 현대인들은 스트레스 속에서 살아간다. 술이라도 마시지 않으면 살 수 없다고 한탄하는 사람들이 적지 않다. 스트레스는 눈에 보이지 않는다. 아무리 스트레스를 호소해도 객관적으로 그 정도를 가늠하기는 쉽지 않다. 워낙 스트레스 속에 살다 보니 스트레스라는 감각 자체에 무뎌지는 경우도 많다. 그래서 본인은 스트레스를 받지 않는다고 생각했는데 저도 모르게 신체에 누적된 스트레스가 병이 되는 경우도 종종 생긴다.

반면 스트레스를 자주 호소하는 사람이 의외로 스트레스에 잘 견디는 경우도 있다. 주관적으로 정신이 느끼는 스트레스와 신체가 느끼는 스트레스는 다르다. 의학적으로 더 심각한 것은 자각할 수 있는 스트레스가 아니라 무의식적이지만 몸이 현실적으로 느끼는 스트레스다.

　스트레스에 대한 몸의 반응은 시상하부와 뇌하수체, 부신피질의 축HPA으로 나타난다. 그 조직들이 스트레스 호르몬을 내보낸다. 스트레스 호르몬으로는 부신피질자극호르몬ACTH이나 글루코코르티코이드glucocorticoid 등이 널리 알려져 있다. 이 호르몬은 비만 혹은 식욕부진, 우울증 등을 일으키고 심한 경우 신경세포를 죽이기도 한다. 이 스트레스 호르몬의 양을 측정하면 몸이 얼마나 스트레스를 받고 있는지 객관적으로 알 수 있다.

　미국 미시간대학의 아벨슨Abelson 박사는 피험자 28명에게 HPA축을 강제로 활성화하여 몸에 직접적인 스트레스를 주는 실험을 했다. 그리고 그 실험에서 상당히 흥미로운 결과를 얻었다. 피험자에게 직접 자극제를 투여하자 스트레스 호르몬은 10배까지 증가했다. 그런데 투약으로 어떤 부작용이 일어날 수 있는지 설명하고 혹시라도 몸에 이상이 느껴지면 스스로 주사량을 조절할 수 있는 버튼을 머리맡에 놓아두자 스트레스 호르몬의 상승을 80퍼센트나 줄일 수 있었다. 버튼을 누르면 언제든 스트레스에서 벗어날 수 있다고 알려준 것만으로 스트레스를 느끼지 않게 된 것이다. 역으로 말하자면 스트레스를 피할 길이 없는 상황 자체가 심한 스트레스 요인이 된다.

　여기에는 두 가지 포인트가 있다. 예측과 회피다. 발생할 가능성이 있는 일을 사전에 알고 있다는 것, 그리고 견디기 힘들 때는 언제든지 회피할 수 있다는 것. 이 두 가지만으로 이른바 일반적인 환경 인자에 따른 스트레스뿐만 아니라 약물로 직접 끌어내는 강제적인 스트레스까지 극복할 수 있다. 이것은 알아두면 언제든 일상생활에 응용할 수 있는 지식이다.

어차피 마실 거라면 낯 놓고 즐겁게

와카야마 의과대학의 우에야마 다카시 교수는 알코올의 스트레스 해소 효과가 실제로 어느 정도인지 조사했다. 그는 뇌의 스트레스를 측정하는 기준으로 스트레스 호르몬이 아닌 'zif-268'이라는 독특한 이름의 유전자에 주목했다. 이 유전자는 스트레스를 받으면 활동한다. 그런데 놀랍게도 쥐에게 알코올을 주입하자 이 유전자의 움직임이 멈추는 것으로 나타났다. 이 실험 결과만 보면 마치 알코올이 스트레스를 제거하고 있는 것처럼 보였다. 그러나 조금 더 자세히 살펴보았더니 몸의 스트레스를 생성하는 뇌 부위인 시상하부의 zif-268은 알코올을 주입하기 이전과 똑같이 활동하고 있었다.

요컨대 술을 마시는 행위는 스트레스가 해소되는 느낌만 줄

뿐이지 몸은 여전히 스트레스를 느낀다는 결론이다. 술은 스트레스를 푸는 데 아무런 도움도 되지 않는다. 이런 결론에 적당한 음주는 오히려 건강에 좋다는 연구를 들먹이거나 약이 되기에 '약주'라는 말도 있는 것 아니냐 반박하는 사람이 있을지도 모르겠다. 하지만 뇌 건강을 진심으로 생각한다면 한 방울도 마시지 않는 것이 바람직하다.

단 한 가지 분명하게 말할 수 있는 것은 "술은 정말 몸에 좋지 않은데"라고 생각하며 마시지는 않아야 한다는 점이다. 그런 마음으로 술을 마시면 음주 행위 자체가 스트레스로 더해질 수 있다. 그러니까 어차피 마실 거라면 "이건 대뇌피질을 마비시키는 마법의 물약이다. 하하 어때, 즐겁지?" 하고 낙관적인 기분으로 마시는 것이 좋다. 세상에 좋다는 것만 하며 살 수는 없다. 인생에 불필요한 것들을 전부 제거하면 자칫 무미건조한 삶이 될 수도 있으니까.

도망치는 것은 부끄럽지만 도움이 된다

운동이나 음악으로 스트레스를 해소한다는 사람들이 많다. 물론 운동이나 음악이 실제로 스트레스를 해소하는 효과가 있기도 하겠지만 단지 그것만은 아니다. 운동이나 음악을 들으면 스트레스를 해소할 수 있다는 믿음 자체가 스트레스 해소에 간접적인 도움을 준다.

스트레스는 기본적으로 만성적이다. 하루 24시간 중 1시간 동안 운동을 해서 스트레스가 해소되었다고 하더라도 남은 23시간은 스트레스를 느낄 수밖에 없다. 이런 의미에서 보면 어떤 행위를 통해 스트레스를 완전히 해소하는 것은 불가능해 보인다. 결과적으로 스트레스를 해소하는 것보다 중요한 것은 해소하는 방법을 알고 있다고 생각하는 것이다. 그리고 그보다 더 중요한 것은 스트레스를 느껴도 상관없다고 생각하는 것이다. 스트레스를 지나치게 두려워하면 실제로 스트레스를 받았을 때 필요 이상으로 반응하게 된다. 그러므로 스트레스는 어차피 피할 수 없는 것으로 받아들이고 스트레스를 받더라도 언제든지 해소할 수 있다고 믿는 것이 중요하다.

우울증 환자에게는 "힘내라"라는 말이 금기어라고 한다. 그보다는 "지금은 그런 시기니까 잠시 쉬고 있으면 좋아질 거야"라고 말하는 것이 바람직하다. 특히 열심히 일하던 사람이 우울증이나 번아웃으로 갑자기 쉬게 되면 쉬는 것 자체가 초조함이나 열등감을 초래해 스트레스를 받기도 한다. 이때 중요한 것이 "아무렴 어때" 하고 편하게 생각하는 태도다. 어떤 일이 일어나도 있는 그대로 받아들이는 것. 그리고 어떤 문제든 시간이 흐르면 해결될 것이라는 낙관을 가지는 습관은 스트레스 해소를 포함해 우울증이나 번아웃 등 많은 심리적 문제를 해결하는 데 도움이 된다.

도피하는 방법을 알고 있는 것, 언제든 도망칠 곳이 있다는 사실을 잊지 않는 것은 중요하다. 인생의 길은 여러 갈래다. 도저히 벗어날 수 없을 것 같은 상황 속에서도 언제든 길은 있다. 지나친 표현인지는 모르겠지만 인생의 막다른 길은 죽음 외에는 없다. 반대로 말하면 최악의 최악이라고 해도 우리에게는 죽음이라는 도피처가 남아있으므로 여전히 분발해 볼 수 있지 않을까. 인간은 누구나 죽는다. 나도, 여러분도, 지금 만약 당신을 괴롭히는 사람이 있다면 그 사람도 언젠가는 죽는다. 어차피 죽을 텐데 지금의 작은 실수나 나를 괴롭게 하는 일들에 연연할 필요가 없다. 이렇게 보면 죽음은 삶의 원동력이 되기도 한다.

나의 스트레스 해소법은 현미경으로 신경세포를 들여다보는 것이다. 신경세포는 영양분만 주면 배양 용기 속에서도 수 개월간 건강하게 성장한다. 돌보는 것도 텃밭의 채소처럼 간단하다. 배양 용기에 담긴 신경세포는 건강한 아기처럼 왕성한 생명력을 가지고 있다. 나는 고민이 생기면 그 신경세포에 속으로 말을 건넨다. "너는 무럭무럭 건강하게 성장하렴. 하지만 인간사회에서 살아야 하는 나는 너에 비해 힘들고 괴로운 일이 많단다" 하고.

상당히 우스운 모습이다. 하지만 곰곰이 생각해 보면 신경세포가 뇌에 존재하기 때문에 지금 이렇게 슬픔이나 괴로움이 만들어지는 것이다. 그렇게 생각하면 마음이 편안해진다. "그래. 이 슬픔은 어떤 실체가 있는 게 아니라 단지 신경세포에 의한 화학반응에 불과한 거다. 지금 현미경으로 들여다보고 있는 이 신경세포가 슬픔을 만들어내고 있는 거다. 사실 슬픔 따윈 별거 아냐" 하고 생각하게 된다. 조금 이상해 보일지 몰라도 이것이 나의 스트레스 해소법이다.

뇌의 비효율적인 구조는 지하철과 비슷하다

술이 뇌에서 분자 단위로 어떻게 작용하는지는 정확히 알려져 있지 않다. 어쨌든 여러 가지 작용을 하는 것만은 사실이다. 그 복합적인 결과로 만취라는 특이한 정신 상태가 생겨난다.

술이 뇌에 미치는 확실한 효과는 대뇌피질의 활동을 강하게 억제한다는 것이다. 동물의 뇌는 진화 과정에서 중요한 부위부터 차례대로 만들어졌다. 그래서 어류나 파충류도 뇌의 본질적인 부위인 척수와 연수, 간뇌 같은 부위는 비교적 잘 발달해 있다. 그 부위들을 감싸고 있는 뇌의 바깥쪽에는 대뇌피질이 존재하는데 이는 인간과 같은 포유류의 뇌에서 발달한 부위다. 생명 보존 차원에서 매우 현명한 진화다. 생명의 근간이 되는 중요한 부위는 뇌의 가장 중심부에 위치하고 비교적 중요성이 덜한 대뇌피질과 같은 부위는 바깥에 자리하는 것이다. 핵심 부위를 외부 충격으로부터 보호하기 위한 상당히 합리적인 구조임을 알 수 있다.

그러나 대뇌피질의 입장에서 생각해보면 이 구조는 매우 비효율적이다. 왜냐하면 대뇌피질의 신경 네트워크는 마음이나 의식 같은 고차원적인 뇌 기능을 생성하기에 신경세포들을 세밀하게 펼칠 필요가 있는 뇌 부위인데 그 세밀한 네트워크가 거의 구형에 가까운 뇌의 바깥쪽을 뒤덮고 있다. 자연히 네트워크를 만들기 위한 배선의 거리도 길어진다. 기하학적으로 생각하면 세밀한 배선이 필요한 부분은 서로 가까운 곳에 배치하는 것이 바람직하다. 그것은 컴퓨터의 메인보드를 보면 잘 알 수 있다. 그런데 대뇌피질은 구형인 뇌의 표면에 얇게 펼쳐져 있으므로 멀리 떨어진 신경세포를 서로 연결하는 데 배선이 길어질 수밖에 없다. 만약 신이 존재해 다시 계획성 있게 뇌를 설계한다면 분명 이런 이상한 구조로 만들지는 않을 것이다. 물론 진화 과정에서 조금씩 완성된 것이므로 지금 다시 뇌의 구조를 근본적으로 바꿀 수는 없다.

　이런 뇌의 구조는 도쿄의 지하철과 유사하다. 새로운 지하철을 건설할 때면 이미 존재하는 노선과 겹쳐지지 않도록 아직 개척하지 않은 지하 깊숙한 곳까지 파내야 하는 경우가 많기에 시간과 비용이 많이 든다. 완성한 뒤에도 승객은 계단이나 에스컬레이터를 이용해 지하 깊숙한 곳까지 내려가야 한다. 비효율적이다. 그렇다고 이제 와서 모든 지하철 노선을 부수고 새로 만들 수도 없는 일이다.

　누군가는 "생물은 효율적으로 이루어져 있다. 모든 구조와 기능에는 나름대로 합리적인 의미가 있다"라는 식으로 말하기도 한다. 이것은 다위니즘의 악영향일 뿐이다. 인간만 보아도 알 수 있듯이 생물의 구조는 그리 효율적이지만은 않다. '자연도태에서 살아남았으니 우리는 매우 뛰어난 생물이다'라는 왜곡된 생각이 여전히 존재하는 듯하다.

술을 마시면 목소리가 커지는 이유

　다시 알코올에 대한 이야기로 돌아가 보자. 알코올은 대뇌피질의 활동을 억제한다. 대뇌피질은 진화 과정에서 새로 만들어진 부위다. 그러므로 다음과 같이 생각해 볼 수도 있다. "뇌의 중심부(뇌간)는 생명과 관련된 중요한 장소이므로 알코올에 영향을 받지 않도록 튼튼하게 만들어져 있지 않을까. 그에 비해 새로 생긴 대뇌피질은 마음 같은 고차원적인 기능과 관련된 부위지만 생명 유지에 꼭 필요한 것은 아니기 때문에 알코올 같은 외적 요소에 간단히 마비되는 것은 아닐까."

물론 그런 것은 아니다. 단지 우연히 알코올이 대뇌피질에 영향을 미치는 화학물질로 이루어진 것뿐이다. 만약 알코올이 대뇌피질이 아닌 뇌간 부위에 영향을 미친다면 그것은 기호품이 아니라 생명을 위협하는 독극물이 되었을 것이다. 인류가 술과 인연을 맺은 것은 유사 이전으로 거슬러 올라간다. 곰곰이 생각해 보면 우연이기는 하지만 고대인은 상당히 흥미로운 화학물질을 발견한 셈이다.

대뇌피질의 기능 중 하나는 이성을 생성하는 것이다. 그 이성의 기능은 본능을 억제하는 것이라고 할 수 있다. 이성은 이기심이나 성욕 같은 본능을 억제함으로써 인간을 사회적 동물로 만든다. 본능은 뇌의 중심부에서 생겨난다. 즉 대뇌피질은 동물적인 본능을 억제하도록 진화적으로 발달한 새로운 구조라고 할 수 있다. 그 대뇌피질을 알코올이 억제한다. 이성을 억제하는 것이다. 술에 취하면 잘 웃거나 잘 우는 식으로 성격이 약간 변하는 경우가 있는데 이것은 숨겨져 있던 본능이나 본성이 드러나는 것으로 볼 수도 있다. 물론 술에 취했을 때 드러난 성격이 반드시 그 사람의 본성이라고 말할 수는 없겠지만 알코올이라는 화학물질을 대뇌피질의 활동을 억제하는 뇌과학적인 수단으로 바라보면 그렇게 생각해 볼 수도 있지 않을까.

건망증이 심해도 의외로 괜찮은 이유

건망증은 나이 때문이 아니다

누구나 경험하는 건망증은 생활적으로 곤란할 뿐만 아니라 정신적으로도 불쾌한 느낌이 든다. 건망증이 심해지면 나이 든 자신을 탓하며 자기 혐오에 빠지기도 한다.

이에 대해 영국 에든버러대학의 모리스Morris 박사는 잃어버린 기억을 되찾는다는 콘셉트의 논문을 발표했다. 왠지 호기심이 느껴지는 주제다. 모리스 박사는 쥐를 대상으로 수중 미로라는 기억 실험법을 고안한 뇌과학자로 유명하다. 이 논문의 실험에서도 그는 수중 미로를 활용했다. 물을 채운 수조에 쥐를 집어넣고 물을 피할 수 있는 피난처의 위치를 훈련을 통해 학습시킨다. 그리고 피난 위치를 기억하게 된 쥐의 뇌를 물리적으로 조작한다. 해마를 부분적으로 파괴하는 수술을 하는 것이다. 그러자 쥐는 피난처를 찾아가지 못했다. 이른바 '인공 건망증'이다. 이것은 뇌과학자들 사이에 널리 알려진 실험이다.

이 논문에서 가장 흥미로운 부분은 이렇게 기억을 잃은 쥐에게 다시 같은 수중 미로에서 훈련을 시키면 점차 옛 기억을 되찾는다는 것이다. 잊었던 기억과 유사한 정보를 뇌에 입력하자 그것을 계기로 잊고 있던 기억이 되살아난 것이다. 기억을 불러일으키는 계기를 전문가들은 프라이밍priming이라고 한다. 깜빡 잊은 내용도 대부분은 프라이밍에 의해 다시 떠올릴 수 있다. 여기서 신경이 쓰이는 것은 '어떤 계기가 최적인가' 하는 문제다. 앞서 소개한 쥐 실험에서도 알 수 있듯이 일반적으로 깜빡 잊기 전과 비슷한 상황을 만드는 것이 최적의 프라이밍으로 여겨지고 있다. 가령 무슨 일로 옆방에 들어갔는데 무엇 때문에 들어갔는지 잊어버렸을 때 그 자리에서 '내가 왜 이 방에 들어왔지?' 하고 생각할 게 아니라 원래의 자리로 돌아가 주변 상황을 둘러보는 것이 생각을 떠올리는 데 가장 효과적이라는 것이다.

그런데 건망증은 어른의 뇌만이 지닌 현상은 아니다. 어른이 되면 건망증이 심해진다고 느끼는 것은 나이가 들면 기억력이 떨어진다는 막연한 믿음 때문이다. 자신의 주위에 있는 아이들을 자세히 관찰해보자. 아이들도 일상적으로 자주 깜빡 잊는 것을 알 수 있다. 단, 아이들은 건망증을 일일이 신경 쓰지 않는다.

하지만 어른들은 나이 탓이라며 의기소침한 모습을 보인다. 어쩌면 일부러 나이 탓으로 돌리며 상황을 모면하려는 것인지도 모른다.

건망증으로 낙담하기 전에 우선 마음에 새겨두어야 할 것은 아이와 어른은 지금까지 인생에서 축적한 기억의 양이 다르다는 점이다. 100개의 기억에서 필요한 기억 하나를 찾아내는 것과 1만 개의 기억에서 하나를 검색하는 것은 당연히 시간과 노력에 차이가 난다. 아이보다는 어른의 뇌에 많은 기억이 담겨 있으므로 아이처럼 금방 떠올리지 못하는 것은 어쩔 수 없는 일이다. 이것은 기억의 용량이 많은 뇌가 끌어안은 숙명이다. 뭔가를 깜빡 잊었을 때는 그만큼 자신의 뇌에 많은 지식이 담겨 있는 것이라고 긍정적으로 해석하는 편이 바람직하다.

건망증과 치매의 차이점

'언제든 떠올릴 수 있는 기억'과 '이따금 깜빡 잊어버리는 기억'의 양을 비율로 살펴보면 후자가 훨씬 적을 것이다. 우리는 좋아하는 연예인이나 음식, 스포츠에 대해 이야기할 수 있고, 걷는 법이나 단추를 채우는 법도 알고 있다. 사실 뇌에 저장된 기억의 용량은 엄청나다. 우리는 그 기억을 자유로이 활용하면서 생활한다. 그 압도적인 정보량에 비해 이따금 깜빡 잊어버리는 건망증은 지극히 미세하다. 그러므로 뭔가 깜빡 잊었다고 해서 의기소침할 필요는 없다. 그보다는 오히려 엄청난 정보를 기억하고 있는 자신의 뇌에 자부심을 가져야 한다. 건망증은 누구든 갖고 있고 뇌는 항상 동요하고 있다. 그래서 이따금 타이밍이 나쁠 때 누가 이름을 물으면 생각이 나지 않기도 하고 타이밍이 좋을 때 물으면 금방 튀어나오기도 한다. 건망증이란 그런 것이다.

"그 사람의 이름이 생각나지 않네. 이름이 뭐였더라" 하고 말할 때 누가 옆에서 "아무개 씨잖아요"라고 말하면 "아, 맞아" 하고 금방 그 이름을 떠올리게 된다. 이름을 떠올리지 못해도 그 이름이 맞는지 아닌지는 금방 알 수 있으니 참으로 신기한 일이다. 정답을 알고 있으면서도 그 정답을 찾고 있는 모순된 두 가지 상황이 우리 뇌 속에는 동시에 존재한다.

기억을 떠올리는 뇌 작업의 신비

곰곰이 생각해 보면 기억을 떠올리는 행위 그 자체도 신기한 일이다. 가령 미국 초대 대통령의 이름을 떠올리려고 할 때 뇌에 저장된 가족이나 친지, 친구, 유명인, 탤런트 등등 수많은 인명 리스트 중에서 순식간에 조지 워싱턴이라는 이름을 검색한다. 그것만이 아니다. 뇌는 그 이름을 찾아내고 나면 자동으로 검색을 멈춘다. 어떻게 조지 워싱턴이 지금 자신이 찾고 있는 이름이라는 것을 알았을까. 원래 정답을 모르기 때문에 검색한 것인데 그 이름을 찾고 나서 어떻게 그것이 정답이라는 것을 아는 걸까.

인터넷 검색 엔진에서는 특정한 키워드를 치면 바로 정답을 얻을 수 있다. 인터넷 검색은 처음부터 정답을 알고 있는 상태에서 찾는 것이다. 이것은 쉬운 작업이다. 하지만 뇌는 정답을 모르는 상태에서 찾아낸다. 기억을 떠올리는 뇌의 작업은 생각할수록 신기하다. 게다가 그 속도도 인터넷 검색 엔진에 뒤지지 않을 정도로 빠르다. 물론 깜빡 잊었을 때는 정답이 떠오르지 않지만 다른 한편에서는 정답이 무엇인지 정확히 알고 있다. 나로서는 이 모순된 구조가 신기할 따름이다. 개인적으로는 건망증을 한탄하는 것은 당치도 않은 일이라고 생각한다. 나는 오히려 그 신기함을 즐기고 있다. 깜빡 잊은 기억을 떠올리는 것을 하나의 놀이 감각으로 받아들이면서 그 과정을 즐기는 것이다. 누구의 도움도 받지 않고 스스로 답을 떠올렸을 때는 나름대로 유쾌한 기분을 느낄 수 있으니까.

내 머릿속의 지우개를 없애고 싶다면

깜빡 잊은 것을 다시 생각해내는 방법은 무엇일까. 앞서 기술한 것처럼 '내가 왜 이 방에 들어왔지?' 하는 상황일 때는 원래 있던 곳으로 돌아가 가만히 주변을 둘러보면 기억을 떠올리기 쉬워진다. 이것은 누구에게나 적용되는 보편적인 방법이다. 모리스 박사가 활용했던 프라이밍처럼 배우의 이름이 떠오르지 않을 때는 그 배우가 출연한 영화나 함께 출연한 사람의 이름을 열거하면서 점차 정답에 접근해가는 것이 좋다.

또 머릿속에서 깜빡 잊어버린 기억을 떠올리기 위한 본인만의 전략을 만들어둔다면 해결하는 속도도 빨라진다. 나는 인명을 깜빡 잊어버렸을 때 이름의 글자 수와 그 첫 글자를 떠올려 이런저런 글자를 조합해가면서 정답을 찾아내려고 한다. 물론 경우에 따라 조금씩 다르겠지만 본인만의 건망증 해결 전략을 세워놓으면 건망증에 대한 두려움도 그만큼 줄어든다.

건망증은 건강하게 잊는다는 뜻

건망증은 기억을 불러내지 못하는 상황을 말한다. 어디까지나 불러내지 못하는 것일 뿐이다. 뇌에서 기억이 완전히 지워진 경우는 질병이다. 이른바 치매가 거기에 해당한다. 건망증 중 한 가지로 알코올 건망증이 있다. 지나친 과음으로 기억이 날아가 버리는 증상이다. 이것은 단지 건망증일 뿐 질병이라고 하지는 않는다. 실제로 알코올 성분이 체내에서 사라지면 기억력은 되돌아온다. 건망健忘이란 말 그대로 건강하게 잊어버린다는 것이다. 즉 깜빡 잊어버리는 것이 건망증이다. 기억은 뇌 속에 계속 남아 있는 상태이므로 이것이 혹시 치매가 되진 않을까 지나치게 겁먹을 필요는 없다.

뇌는 행복해지기 위해 마음을 속인다

우리의 뇌는 '정신 승리'를 좋아한다

죽음이 임박했을 때 사람들은 인생을 돌아보며 이렇게 말한다. "행복한 인생이었다." 정말로 남들보다 만족스러운 인생을 살았던 것인지, 순수하게 감사의 마음에서 말한 것인지, 단순히 주변 사람들을 배려해서 한 말인지 그 진의는 알 수 없다. 만약 지금 내가 죽음을 앞둔 상황이라면, 누군가가 인생에 여한은 없느냐고 묻는다면 나는 뭐라고 대답할까.

이렇게 극단적인 상황이 아니더라도 과거의 결단이나 행동에 대해 스스로 평가할 기회가 종종 있다. 그럴 때 인간이 취하는 독특한 심리 행동이 여러 가지 연구를 통해 밝혀지고 있다. 이것을 설명하기 전에 우선 '변화맹'에 대해 살펴보자. 변화맹이란 문자 그대로 변화를 인식하지 못하는 현상을 말한다.

가령 호텔 프런트에서 체크인할 때를 상상해보자. 안내원이 숙박 명부에 신상 정보를 적기를 요구한다. 책상으로 걸어가 필요한 사항을 적는다. 거기서 손님이 눈치채지 못하게 재빨리 프런트 안내원을 다른 사람으로 교체하면 어떻게 될까. 손님은 고개를 들고 안내원에게 용지를 건넨다. 과연 그는 안내원이 다른 사람으로 바뀌었다는 것을 알아챌 수 있을까. 실험 결과 거의 대부분 알아채지 못한다는 것을 알 수 있었다. 우리는 은연중에 '사람이 갑자기 바뀌는 일은 없다'라고 생각하며 생활하고 있다. 이런 믿음이 눈앞에서 실제로 일어난 변화를 감지할 수 없게 만든다. 변화맹의 영향이 크다 보니 상대가 여성에서 남성으로 바뀌어도 알아채지 못하는 경우가 많다고 한다.

스웨덴 룬드대학의 홀Hall 박사는 변화맹에 관해 한 걸음 더 진보한 실험 내용을 소개했다. 그는 피험자 120명에게 두 여성의 사진을 보여주고 어느 쪽이 더 매력적인지 선택하게 했다. 이 실험에서 실험자와 피험자는 책상을 사이에 두고 마주 앉았다. 실험자는 양손에 각각 사진을 들고 있고 피험자는 어느 쪽 사진의 여성이 매력적인지 선택한다. 그러면 실험자는 두 장의 사진을 일단 책상 위에 엎어놓고 선택한 사진을 피험자 앞으로 밀어준다. 사실 실험자는 뛰어난 마술사로 이때 교묘한 트릭으로 사진을 바꿔치기해 상대에게 건네는 것이다. 그러자 놀랍게도 피험자 중 80퍼센트가 그 사진의 얼굴과 자신이 선택한 얼굴이 다르다는 것을 눈치채지 못했다고 한다. 이것이 바로 변화맹이다. 사진 속의 얼굴을 바꿔가며 몇 차례 실험을 반복했지만 그 수치는 별다른 차이가 없었다.

당신은 어째서 이 여자를 골랐느냐는 질문을 통해 더욱 재미있는 사실이 확인되었다. 물론 선택한 이유는 사람에 따라 조금씩 달랐다. 미소를 짓고 있기 때문이라느니, 귀걸이가 마음에 들었기 때문이라는 식으로 자신이 건네받은 사진 속의 여성이 지닌 특징을 열거했다. 하지만 피험자가 처음에 선택했던 사진 속의 여성은 미소 짓는 얼굴도 아니었고 귀걸이를 차고 있지도 않았다. 여기서는 선택의 이유를 나중에 만들어내는 합리화하는 뇌의 습성이 나타난다.

일상생활에서도 이러한 심리 작용과 유사한 일들이 빈번히 일어난다. 가령 쇼핑하다가 마음에 드는 옷을 두 벌 발견했다고 치자. 가격이 비싸서 어느 한쪽만 샀다면 나중에 자신의 선택을 정당화할 수 있는 이유를 찾아내려고 한다. 구입한 옷에서 마음에 드는 점을 찾거나 혹은 구입하지 않은 옷의 결점을 찾아내는 식으로 자신을 납득시킨다. 특히 결혼이나 사업에서 중요한 선택을 한 뒤에는 나름대로 그럴싸한 변명을 찾아내 자신의 선택이 옳았다는 것을 확신하려고 한다. 인간이 후회하기 싫어하는 본능을 가진 한, 나 역시 마지막 순간에 "나는 멋진 인생을 살았다" 하고 맹목적으로 믿을지도 모른다. 심리 실험의 결과를 보면 그렇게 믿음으로써 정말로 행복한 인생이 되는 것이라는 생각이 들기도 한다.

여자친구의 헤어 스타일이 바뀌어도 눈치채지 못하는 이유

변해도 알아채지 못하는 것은 변하지 않을 것이라고 무의식적으로 믿기 때문이다. 그것은 자신의 존재를 오랫동안 일정하게 유지하려는 자기 유지 본능에 따른 것이다. 이른바 항상성 유지의 본능이다. 변화맹은 자신을 유지하기 위해 필요한 것이다. 여자친구의 머리 스타일이 바뀌었는데도 알아채지 못하는 것도 굳이 변명하자면 뇌가 그렇게 만들어져 있기 때문이다.

앞서 언급한 논문에는 그런 뇌의 성질에 관한 실험을 통해 새로운 현상을 발견한 내용도 소개되었다. 그리고 그 새로운 현상에 '선택맹選擇盲'이라는 이름을 붙였다. 선택맹이란 자신이 선택한 것을 인식하지 못하는 현상을 말한다. 슈퍼마켓에서 점원이 상품을 재빨리 바꿔도 손님은 쉽게 그 사실을 알아채지 못한다.

자신이 선택한 물건임에도 불구하고 알아채지 못하는 것인데 이 것은 상대의 머리 스타일이 변한 것을 알아채지 못하는 변화맹 보다 더 강한 믿음이 있기 때문이다. 이 논문의 사례를 통해 인 간은 스스로 자신의 선택에 대한 이유를 붙이고 그것을 확신하 는 습성이 있음을 확인할 수 있다.

회의에서 뭔가 의견을 발표했다고 하자. 그다음 누군가가 반 대 의견을 냈을 때 그 의견이 자신의 의견보다 나을지도 모른다 고 생각하기보다는 자신의 의견이 낫다고 확신하는 경향이 있 다. 곧바로 자신의 의견을 굽히지 않는 것은 일종의 허세나 고집 같은 표면적인 심리 때문이 아니라 자신을 유지하려는 본능이 작용해서다. 곰곰이 자신을 돌이켜 보면 누구라도 그런 경우가 있을 것이다. 그 성격이 지나치면 상대에게 고집스러운 인물로 비추어질 수 있다. 특히 논쟁을 즐기는 사람은 자신의 의견을 쉽 사리 굽히지 못해 불필요한 논쟁을 벌이는 경우가 많다. 프랑스 의 철학자 주베르Joseph Joubert도 다음과 같은 명언을 남겼다. "자 신의 의견을 굽히지 않는 자는 진리보다 자기 자신을 사랑하고 있다."

본능적인 측면으로 생각하면 변명도 자기 유지나 항상성 유 지를 위한 본능이라고 할 수 있다. 타인에게 들은 정보나 의견에 쉽게 마음이 흔들리다 보면 자칫 자기 붕괴로 이어질 수 있기 때문이다.

너무 빠른 학습은 독이 된다

자기 유지에 대한 본능은 학습에서도 중요한 역할을 담당한다. 뭔가를 학습할 때는 속도가 중요하다. 의외라고 생각할지 모르겠지만 너무 빠른 학습보다는 적당한 속도의 학습이 바람직하다.

나는 이따금 정신 회로 모델을 만들어 컴퓨터에게 뭔가를 학습시키는 실험을 한다. 가령 '가'라는 문자를 자동 인식하는 알고리즘을 생각해 보자. 전형적인 모양의 '가'라는 문자를 보여주고 그것을 '가'라고 기억시키는 것은 간단한 일이다. 그런 프로그램을 만들면 그만인 것이다. 하지만 세상에는 여러 가지 문체의 '가'가 있다. 정자체 '가'와 흘림체 '가'가 있고 이 사람이 쓴 '가'와 저 사람이 쓴 '가'가 있다. 그 모든 것이 '가'다. 그 천차만별인 '가'를 컴퓨터는 '가'로 인식해야 한다. 즉 '가'에 공통된 특징을 추출할 필요가 있다.

하지만 인식하는 데는 그것만 필요한 것이 아니라 식별도 필요하다. 세상에 존재하는 문자는 '가'만 있는 것이 아니다. '가'의 특징만을 뽑아낸 것으로는 구별할 수 없는 비슷한 형태의 문자가 많이 존재한다. 예로 들자면 숫자 '7'과 '가'의 기억은 단순히 모양만으로 구분하기가 쉽지 않다. 그래서 컴퓨터에 '가'인 것과 '가'가 아닌 것을 가능한 한 많이 제시해 '가'인 것의 일반적인 규칙을 기억시키는 것이다. 여기서 그 알고리즘을 상세히 설명할 수는 없지만 그때 키워드가 되는 것이 바로 학습 속도다.

물론 학습이 너무 느린 것은 비경제적이므로 일단 논외로 하자. 그렇다고 학습을 너무 빠르게 진행하면 '가'를 제대로 학습할 수 없다. 왜냐하면 방금 전 인식한 '가'의 모양에 강한 영향을 받기 때문이다. 학습 속도가 너무 빨라서 컴퓨터가 방금 전에 봤던 '가'만을 '가'로 인식해버리면 다음에 조금 형태가 다른 '가'를 접했을 때 '가'로 인식하지 못하게 된다. 그 컴퓨터에게는 방금 전에 인식한 '가'만 진짜 '가'이기 때문이다. 그러면 곤란하므로 지금 접한 '가'가 '가'라고 다시 기억시키면 이번에는 이 새로운 '가'를 진짜 '가'로 인식하고 조금 전의 '가'는 인식할 수 없게 된다.

왠지 좀 설명이 복잡해진 것 같다. 요컨대 학습이 너무 빠르면 그 형태에만 의존해 '가'의 본질에 가까이 다가가지 못한다는 것이다. 그렇게 되면 그 기억은 융통성이 없는 단편적인 지식에 지나지 않는다. 이런 측면에서 보면 눈에 보이는 것이나 감지한 것을 보다 일반화해 표면적인 정보에 당황하지 않도록 하는 것이 학습에서 중요하다는 것을 알 수 있다. 그러기 위해 필요한 것이 학습 속도를 늦추는 것이다. 느린 학습을 통해 사물의 이면에 존재하는 공통적인 기본 규칙을 이해하는 것이 중요하다.

    기억의 특성과 마찬가지로 외부 정보를 쉽사리 받아들이지 못하는 뇌의 특성 역시 넓은 의미에서는 자기 유지나 항상성 유지의 일환이다. 이렇게 컴퓨터로 뇌를 재현하다 보면 우리가 평소에 무심코 지나친 일들이 의외로 상당히 고도의 정보 처리 작업을 통해 이루어진다는 사실을 알 수 있다.

인간이 MBTI에
진심이 될 수밖에 없는 이유

미신을 좋아하는 인간의 뇌

사람들은 이름이나 별자리, 혈액형, 꿈 등으로 점을 본다. 점술은 민족이나 시대를 초월해 꾸준한 인기를 끈다. 과학적인 분석을 통해 날씨를 예측하는 현대의 일기예보도 예전에는 점술의 일종이었다. 날씨를 예측하는 것은 농작물 수확 시기를 판단하는 데 중요하다. 현대인의 시각에서 보면 상당히 비과학적인 예측 방법이지만 당시의 사람들에게는 무척 진지한 의식이었다. 거기에서 주문이나 주술이 생겨나면서 대규모 종교로 발전한 경우도 종종 있었다.

현대 사회에서 컬트적인 풍조는 찾아보기 힘들지만 그래도 점술은 여전히 우리의 일상생활에 존재하고 있다. 대부분은 과학적 근거가 없는 미신이지만 개중에는 과학자인 내가 보기에도 꽤 흥미로운 부분이 적지 않다. 특히 내가 주목하는 것은 혈액형이다. 혈액형이 저마다 다른 이유는 유전자가 다르기 때문이다. 그 유전자는 적혈구 표면의 단백질에 당 접합체(글리코폼)를 달라붙게 하는 효소를 결정하고 있다. 쉽게 말해 적혈구 표면의 상태가 혈액형에 따라 다르다는 것이다. 그렇다면 당연히 모세혈관을 흐르는 혈구의 속도도 달라져 산소 공급 효율에 영향을 미치게 된다. 실제로 암 발병률을 비롯한 몇 가지 증상은 혈액형에 따라 차이가 있는 것으로 알려져 있다.

그런데 혈액형에 따라 정말 성격도 다른 걸까. A형은 세심하고 O형은 대범하고 B형은 개성적이라는 식의 이야기를 자주 듣는데 어느 것도 특별한 근거는 없다. 하지만 혈액 순환 상태가 다르다면 뇌의 생리 작용에 차이가 날 수 있다고 생각하는 사람도 있다. 실제로 미국 자살연구센터의 레스터Lester 박사가 17개국 선진국을 대상으로 자살 경향을 설명할 수 있는 여러 가지 요인들을 분석한 결과 가시적으로 드러난 뜻밖의 요인이 혈액형이었는데 이유는 알 수 없지만 O형의 자살률이 가장 낮았다고 한다. 이 결과가 유의미하다고는 생각하지 않는다.

내가 주시하는 것은 혈액형의 인구 분포다. 지역에 따라 조금씩 다르긴 하지만 일본에서는 대략 A형이 40퍼센트, O형이 30퍼센트, B형이 20퍼센트, AB형이 10퍼센트다. 내게는 이 비율이 약간 불균형한 상태로 느껴졌다. 그래서 컴퓨터 시뮬레이션을 이용해 다시 살펴보았다. 1천 명이 사는 마을을 만들어 앞서 나타난 비율로 혈액형을 배분한다. 그 마을에서 무작위로 상대를 골라 결혼시키고 제각기 아이를 두 명씩 낳게 한다면 장래에 혈액형의 분포는 어떻게 변할까. 시뮬레이션이기 때문에 시행할 때마다 결과가 조금씩 달랐다. 하지만 여러 차례 반복한 결과 대략적인 경향이 나타났다. 무질서한 교배가 계속되자 B형이나 O형의 수가 서서히 줄어들었다. 이 시뮬레이션을 현실에 적용해 생각해보면 현재 인류의 긴 역사에 비해 B형이나 O형은 너무 많고 A형은 너무 적다. 물론 이것만으로 뭔가 결론을 내릴 수는 없다. 그래도 혈액형의 분포를 생각하면 우리 조상들이 결혼 상대를 무작위로 선택한 것은 아니라는 식으로 상상해볼 수는 있다.

다만 혈액형과 성격을 함부로 연관 짓는 것은 삼가야 한다. 근거 없는 말 한마디에 상처를 입는 사람도 있다. 점술을 오락적으로 즐기는 것은 상관없지만 편견이나 차별을 유도하는 것은 결코 바람직한 일이 아니다.

혈액형별 미신의 비밀

혈액형이 성격이나 질병 발생과 관계가 있다는 논문도 있고 그렇지 않다는 논문도 있다. 과학적인 논문은 일반적으로 '관계가 없다'라는 자료보다 '관계가 있다'라는 자료가 발표되기 쉬우므로 혈액형에 대해서도 관계가 있다고 말하는 논문이 많은 게 사실이다. 하지만 설령 관계가 있더라도 그 정도는 상당히 미미해 보인다. 다른 예로 20~30명쯤 되는 성인을 무작위로 선발해 키를 측정하면 남성이 여성보다 크다는 결론이 나올 것이다. 하지만 혈액형의 경우에는 수천 명이나 수만 명쯤 되는 대규모 집단을 대상으로 조사하지 않으면 결론을 내기가 어렵다. 또 결과가 나오더라도 신장처럼 극명한 차이는 없을 것이다. 그러므로 혹시 미세한 차이가 있더라도 그것을 차별적으로 사용하기보다 재미로 받아들이는 편이 좋으리라 생각한다.

앞서 내가 컴퓨터 시뮬레이션을 통해 발견한 혈액형 분포의 변화를 유전학을 전공한 친구는 기이하게 여겼다. 유전학에는 어느 일정한 조건만 충족하면 세대가 바뀌어도 분포는 변하지 않는다는 '하디 바인베르크Hardy-Weinberg의 법칙'이 있다. 이 법칙으로 보면 A형, O형, B형, AB형의 분포는 세대가 바뀌어도 변하지 않아야 하기 때문이다.

하지만 나의 실험 데이터에서는 B형이나 O형의 비율이 조금씩 줄어드는 방향으로 변화했다. 앞서 소개한 사례에서 1천 명이 사는 마을로 시뮬레이션을 하자 때로는 1천 세대 정도에서 B형이나 O형이 완전히 사라져버린 경우도 있었다. B형이 사라질 때는 물론 AB형도 끌려가듯 동시에 소멸했다. 시뮬레이션이기 때문에 그 결과는 실험할 때마다 조금씩 달라졌다. 그 정도의 차이는 있지만 B형이나 O형이 줄어드는 것은 분명한 것 같다. 마을의 인구를 1천 명에서 10만 명으로 늘려도 여전히 그런 경향을 보였기 때문이다.

언젠가 한 가지 성 씨만 남을지도 모른다

이전에 똑같은 방법으로 일본인의 성씨에 대해 시뮬레이션을 한 적이 있다. 혈액형의 경우에는 부친과 모친에게 받은 두 가지 유전자를 고려해야 하므로 복잡하지만 성씨의 경우에는 간단하다. 일본에서는 법적으로 아직 부부 별성別姓을 인정하지 않는다. 신랑과 신부 중 어느 한쪽이 다른 쪽의 성씨를 따라야 한다. 그러므로 시뮬레이션의 처리 절차도 간단해 프로그램만 조금 익히면 초보자도 가능하다.

성씨 분포는 사토佐藤 씨가 가장 많고 두 번째로 스즈키鈴木 씨가 많다는 식으로 분배해 무작위로 결혼시킨다. 1천 명이 사는 마을을 준비해 그중 64명은 사토 씨, 57명은 스즈키 씨라는 식으로 설정하고 무작위로 상대를 골라 결혼을 시켰다. 과연 미래의 성씨 분포는 어떻게 될까. 결과는 내 예상대로였다. 성씨의 수는 계속 줄어들다가 마지막에는 하나만 남았다. 시뮬레이션을 할 때마다 마지막에 남는 성씨는 달랐지만 어쨌든 일족이 되었다. 성씨 세습이 비가역적이라는 것을 생각하면 그 결과도 충분히 납득할 수 있을 것이다. 지금 일본에는 여러 가지 성씨가 존재한다. 그것은 성씨의 분포가 안정된 상태가 아니라 어느 하나로 모이는 중간 단계이기 때문이라고 생각할 수도 있다.

상황은 전혀 다르지만 혈액형의 경우에도 비슷한 현상이 일어나고 있는 것 같다. 하디 바인베르크의 법칙은 엄격한 구속 조건에서 비로소 성립하는 평형이다. 충분한 개체 수가 있고, 결혼 상대를 무작위로 선택하고, 갑작스러운 변이나 자연도태가 없고, 인구의 이동이 없다는 등의 까다로운 조건에서 성립할 수 있는 이론이다. 다시 말하면 현실 세계의 유전자 분포는 하디 바인베르크의 평형 상태로 존재할 수 없다는 뜻이다.

지금 일본인의 혈액형 분포는 A형이 40퍼센트, O형이 30퍼센트로 되어 있는데 이것도 안정 상태가 아닌 안정 상태로 진행되는 도중이라고 해석하는 편이 자연스럽다. 이 점에 대해 반론하는 사람도 많으리라 생각하지만 적어도 혈액형의 분포가 지역에 따라 상당히 차이가 나는 것은 주목할 만한 가치가 있다고 생각한다.

일본의 경우 서쪽 지역으로 갈수록 A형이나 O형의 비율이 많다. 북쪽 지역은 B형의 비율이 약간 높다. 이처럼 지역마다 분포가 다른 것 자체가 평형 상태가 아니라는 것을 말해주고 있다. 국가별로 살펴봐도 혈액형의 분포는 큰 차이가 있다. 미국인의 절반은 O형이다. B형이 많은 나라도 있는데 인도는 B형이 무려 40퍼센트를 차지하고 있다. 또 태국이나 아이누 사람 중에는 AB형이 많다. 태국에서는 33퍼센트가 AB형이다. 그중에서도 가장 극단적인 분포도를 나타내는 곳은 남미 쪽으로 90퍼센트 이상이 O형인 나라도 있다. 이런 상황이라면 혈액형 점도 별다른 의미가 없을지 모른다. 어쨌든 하디 바인베르크의 단순화된 모델로는 지역에 따라 이렇게 분포가 다른 것을 설명할 수 없다.

이름에 따라 운명이 바뀐다면

사람들은 혈액형뿐만 아니라 꿈이나 별자리로 점을 보기도 한다. 뇌과학적인 면에서는 꿈에 심층 심리가 나타나는지 어떤지에 대해 상당히 의견이 분분하다. 꿈을 진단 도구로 사용한 대표적인 심리학자가 프로이트Sigmund Freud다. 하지만 프로이트가 대표적으로 주장하는 꿈은 무의식의 반영이라던가 성적 충동의 발현이라는 식의 해석은 현대 과학에서 부정적으로 받아들여지고 있다. 사실 꿈과 관련된 이야기는 오래전부터 이어져 내려오고 있다. 영국의 문호 디킨스Charles Dickens의 「크리스마스 캐럴」에서는 주인공 스크루지가 꿈속에서 미래의 자신의 비참한 모습을 보고 그것을 계기로 새로운 인생을 살게 된다. 시대와 민족을 초월해 꿈의 내용이 점술이나 예언의 대상이 되고 있다는 것은 흥미로운 일이다.

별자리 점술도 역시 미묘하긴 하지만 나름대로 근거는 있는 것 같다. 세상에 태어날 때 태양이 황도의 어느 별자리에 있었느냐에 따라 그 사람의 별자리가 결정된다. 별자리를 알면 태어난 계절을 알 수 있다. 태어난 직후 수개월 동안은 사람의 성장과 발달에 중요한 시기다. 어쩌면 그 시기가 더운 계절인지 추운 계절인지에 따라 성격도 변할지도 모른다.

이름으로 점을 보는 것도 마찬가지다. 우리가 귀로 들었을 때 왠지 어감이 좋은 말과 싫은 말이 있지 않은가. 10년이고 20년이고 똑같은 이름으로 계속 불리다 보면 그 영향을 받아 성격도 미미하지만 변할 수 있을 것이다. 어쨌든 전반적으로 뚜렷한 근거는 없어 보인다. 모든 운세나 점술은 혈액형과 마찬가지로 지나친 믿음보다는 적당히 오락거리로 즐기는 편이 좋다.

치매를 예방하기 위해
꼭 먹어야 하는 음식

꾸준히 챙겨 먹어야 하는 이 영양소

일본에서는 치매라는 질환의 이름이 인지증으로 바뀌었다. 용어가 바뀌었다고 질병의 증상이 바뀐 것은 아니지만 오해의 소지가 있는 병명을 바꾸는 것은 필요한 일이다. 엄밀히 말하면 인지증은 어떤 특별한 질환이 아닌 뇌의 변화로 기억이나 지능에 장애가 나타나는 모든 증상을 가리킨다. 인지증을 일으키는 원인은 여러 가지인데 그중에서 가장 큰 원인은 '알츠하이머병'이다.

노인이 앓는 인지증 중 절반 이상은 알츠하이머병이라고 한다. 알츠하이머병은 베타 아밀로이드Beta-amyloid라는 독이 뇌에 쌓이면서 발생한다. 사실 베타 아밀로이드는 건강한 뇌에도 존재한다. 그런데 그 독을 제대로 제거하지 못하고 오랫동안 쌓아

두면 결과적으로 뇌가 위축되어 인지증의 증상이 나타난다. 즉 질병이 수십 년에 걸쳐 서서히 진행되는 것이다. 알츠하이머병이 고령자에게 많이 나타나는 것이 그 때문이다. 쥐의 뇌에도 베타 아밀로이드가 존재한다. 하지만 수명이 2, 3년밖에 안 되기 때문에 쥐는 알츠하이머병에 걸리지 않는다. 그런데 서서히 진행되는 알츠하이머병과 다르게 특정한 유전자가 이상을 일으켜 베타 아밀로이드가 쉽게 쌓이는 경우가 있다. 그 원인이 되는 유전자를 쥐에게 주입하면 원래는 알츠하이머병에 걸리지 않는 쥐도 인지성 증상을 보인다. 이후 쥐가 죽은 뒤에 그 뇌를 분석한 결과 베타 아밀로이드의 농도가 정상치의 수십 배에 달한다는 사실을 확인할 수 있었다.

   그 인지성 쥐를 주의 깊게 관찰함으로써 의외의 사실이 밝혀졌다. 최근에 발표된 내용 중 우리의 일상생활과 관계가 있을 것 같은 논문 두 가지를 소개하겠다. 우선 캘리포니아대학 로스앤젤레스 분교의 콜Cole 박사가 발표한 논문이다. 박사의 연구 대상은 지방이다. 지방은 뇌의 구성 성분 중 50퍼센트를 차지한다. 박사는 알츠하이머병에 걸린 쥐의 뇌에서 DHA의 양이 줄어들었다는 사실을 발견했다. DHA는 뇌 기능에 필요한 지방분인데 알츠하이머병에 걸린 뇌는 DHA의 소비가 급격하게 늘어난다. 콜 박사의 연구 중에서 특히 주목할 점은 알츠하이머병에 걸린 쥐에게 DHA가 풍부한 음식을 공급해 뇌 변화나 기억력 저하를 예방하는 데 성공했다는 것이다.

다음은 시카고대학의 시소디아Sisodia 박사가 발표한 연구 내용이다. 일반적으로 실험용 케이지는 구조가 단순한 편인데 시소디아 박사는 마치 애완용 동물을 기르듯 터널이나 쳇바퀴 같은 장난감이 있는 케이지에서 알츠하이머병 쥐를 길렀다. 그러자 놀랍게도 베타 아밀로이드의 양이 70퍼센트쯤 줄어들었다. 다시 자세히 조사해보니 복잡한 환경에서 자란 쥐의 뇌에서는 베타 아밀로이드를 분해하는 효소가 증가한다는 것을 확인했다. 분명히 베타 아밀로이드가 축적되지 않은 것은 그 효소 때문일 것이다. 독서나 카드놀이 같은 환경 자극이 알츠하이머병의 위험을 줄여준다는 것은 이미 충분히 알려져 있다. 이제 과학적 근거도 명확히 제시되었으니 평소의 식생활이나 일상생활에서 예방하는 습관을 적용해보면 어떨까.

세상에서 가장 비극적인 병

알츠하이머병은 주로 고령자가 걸리는 질병이다. 알츠하이머병 환자의 숫자는 매년 조금씩 늘어나고 있다. 물론 그 이유 중 하나는 수명이 늘어났기 때문이다. 게다가 이전에는 알츠하이머병의 정의가 모호해 그 질병이라는 진단을 받은 환자가 적었지만 지금은 질병의 실체나 특징이 명확해지면서 국제 기준으로 진단이 내려지고 있다. 10년쯤 전까지는 인지증의 50퍼센트 정도가 알츠하이머병이라고 했지만 지금은 인지증의 90퍼센트 이상이 알츠하이머병이라고 주장하는 학자도 있다. 환자 중에는 병원에 찾아갈 수 없는 사람도 있으므로 수치는 정확하지 않지만 어쨌든 알츠하이머병 환자의 숫자는 일본에서만 수십만 명에서 백만 명 정도로 추정하고 있다. 이제는 알츠하이머병을 어떻게 치료할지 혹은 어떻게 예방할지가 중요한 문제다.

알츠하이머병은 당사자에게도 비극적인 질병이지만 주변인에게도 상당한 정신적, 육체적 고통을 주는 질병이다. 알츠하이머병은 최종적으로 죽음에 이르는 데 질병의 진행 속도가 느리기 때문에 간병인은 상당히 오랫동안 환자를 돌봐야 한다. 부모나 친족의 간병이 마치 삶의 목적처럼 되어버려 인생의 소중한 시기를 간병으로 허비하면서 인생 계획에 큰 차질을 빚는 경우도 적지 않다. 알츠하이머병에 걸리면 뇌의 고차원적인 기능에 문제가 생긴다. 즉 기억력만 떨어지는 것이 아니라 통상적인 정신 활동도 저하된다. 환자는 간병인에게 고마움이나 미안함을 표현할 수도 없게 된다. 간병인의 입장에서는 정성껏 돌봐주면서도 환자에게 따뜻한 말을 기대할 수도 없다. 그것은 간병인에게도 상당히 괴로운 일이다.

이 물질이 뇌에 쌓이기 시작하면 신경세포가 죽어간다

현재 알츠하이머병에 관한 연구는 상당한 수준까지 진행되고 있다. 알츠하이머병의 원인은 베타 아밀로이드라는 물질 때문이다. 베타 아밀로이드는 여러 종류가 있는데 그중에서도 특히 '베타 아밀로이드 1-42'의 독이 쌓이면 인지증이 되는 것으로 추정된다. 최근에는 베타 아밀로이드 단독이 아닌 열두 가지 집합체가 작용해 질병을 만드는 것이라는 주장도 제기되고 있다.

베타 아밀로이드는 알츠하이머병의 증상의 나타나기 훨씬 전인 40세 정도부터 뇌에 쌓이기 시작한다. 빠른 사람은 30세 정도부터 시작된다. 그러므로 70세 정도에 증상이 나타났을 때는 이미 베타 아밀로이드가 상당히 쌓여 있는 상태다. 그래서 질병의 원인을 완전히 제거하기가 어렵다. 지금의 의료 현장에서는 병의 진행을 늦추고 증상을 일시적으로 완화하는 치료를 주로 하고 있지만 언젠가는 근본적인 치료법이 개발되리라 생각한다.

독으로 독을 제압하는 치료법

알츠하이머병의 치료 방법에 대한 몇 가지 실험적인 아이디어가 있다. 그중 한 가지로 베타 아밀로이드를 만드는 감마 시크리타제라는 효소를 차단해 베타 아밀로이드의 축적을 막는 것이다. 다만 감마 시크리타제라는 효소는 베타 아밀로이드를 만드는 것 이외에도 다른 여러 가지 역할을 하고 있으므로 그 부작용에 대한 문제도 충분히 검토해야 한다. 다른 아이디어로는 베타 아밀로이드를 분해하는 효소인 네프릴라이신neprilysin을 이용하는 것이다. 네프릴라이신은 이른바 독을 제거해주는 청소부다. 이를 활용한 효과적인 신약을 개발할 수도 있다.

앞의 두 가지 외에 많은 관심을 받고 있는 치료법이 하나 더 있다. 베타 아밀로이드에 베타 아밀로이드를 투여하는 치료법이다. 무슨 말인가 싶을 것이다. 베타 아밀로이드가 축적된 쥐의 뇌에 베타 아밀로이드를 체외 투여한다. 그러면 쥐의 뇌 속의 베타 아밀로이드 양이 줄어든다. 다시 말해 베타 아밀로이드가 체내에 들어가면 면역세포가 활성화되면서 항체를 만들어 뇌의 베타 아밀로이드를 조금씩 몰아내는 것으로 추측하고 있다. 실제로 베타 아밀로이드 그 자체가 아닌 베타 아밀로이드에 대한 항체를 주사해도 뇌의 베타 아밀로이드는 줄어든다. 중요한 점은

이 백신 요법이 베타 아밀로이드를 몰아낼 뿐만 아니라 인지증의 증상까지 완치할 수 있다. 물론 이것은 쥐를 대상으로 한 실험 데이터이지만 인간을 대상으로 한 실험도 계속 진행되고 있다. 하지만 현시점에서는 뇌수막염 같은 부작용이 우려되는 등 상용화되기까지는 아직 해결해야 할 과제가 남아 있다. 그래도 어쩌면 가까운 미래에 알츠하이머병을 완치할 수 있는 도구가 개발될지도 모른다.

지금 당장 실천 가능한 치매 예방법

알츠하이머병은 생활 습관을 약간 바꾸는 것만으로도 어느 정도 효과를 볼 수 있다고 한다. 정석은 DHA가 풍부한 음식을 먹고 적당히 운동하는 것이다. 이것은 이미 언급한 내용이다. 또 카레에 들어있는 커큐민Curcumin 성분도 알츠하미머에 효과적이다. 인도에는 알츠하이머병 환자의 수가 적은데 처음에는 단순히 평균 수명이 짧기 때문이라고 생각했다. 그러던 중에 커큐민의 효능에 대한 실험 데이터가 보고되었다. 더 나아가 카레를 자주 먹는 사람들을 대상으로 한 인지력 테스트에서도 그들은 나이에 비해 젊은 뇌 상태를 유지한다는 사실을 알 수 있었다.

비스테로이드성 항염제 NSAID(아스피린이나 이부프로펜 등) 역시 알츠하이머병의 발병률을 낮춘다. NSAID는 이른바 감기약이나 두통약에 들어가는 성분이다. 그것이 알츠하이머병에 효과가 있다니 놀라운 일이다. 특히 흥미로운 점은 NSAID가 두통이나 생리통을 가라앉히는 진통 작용을 하는 데 필요한 용량보다 적은 양으로 알츠하이머병을 예방할 수 있다는 것이다. 미국의 의사 중에는 시판되는 NSAID 성분의 알약을 매일 절반씩 복용하는 사람이 많다고 한다. 일부에서는 NSAID가 알츠하이머병뿐만 아니라 혈관이 막히는 질병인 심근경색이나 뇌경색 등에도 효과적이라는 주장이 제기되면서 많은 주목을 받고 있다. 물론 이런 질병들을 예방하겠다고 임의로 NSAID를 장기 복용해서는 안 된다. 반드시 전문가와 상의가 필요한 부분이다.

NSAID의 일종인 아스피린은 비교적 역사가 오래된 약으로 인류사상 가장 많이 사용된 약이다. 이른바 최고의 명약인 셈이다. 아스피린의 역사를 거슬러 올라가면 버드나무에 당도한다. 버드나무에서 추출한 성분으로 만든 생약이 아스피린의 원형이다. 실제로 버드나무에 진통 성분이 있다는 것은 오래전부터 널리 알려진 사실이다. 일본에서도 예전에는 이쑤시개를 버드나무로 만들었다. 충치로 인한 통증을 가라앉히는 것이 목적이었는지도 모른다. 옛날에는 지금과 같은 화학 합성 기술이 없었으므로 약은 모두 천연 성분으로 만들어졌다. 식물을 비롯해 파충류나 곤충, 미생물에는 약용 성분이 많이 포함되어 있다. 자연계에서 약자였기 때문이다. '약'은 단지 인류의 입장에서 이용 가치의 척도로 정한 것일 뿐 그들에게는 약이 아닌 스스로를 지키기 위한 독이다. 인류는 그런 자연의 지혜를 약으로 이용하고 있다.

PART 4

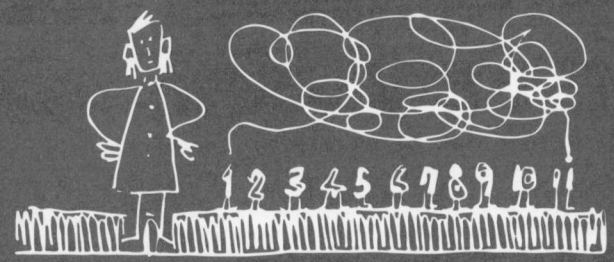

당첨되지 않을 걸 알면서도
복권을 사는 심리

사람들이 복권을 사는 이유

"이 상태로는 1년도 버티기 힘듭니다. 서둘러 수술해야 합니다. 성공적으로 수술하면 건강한 몸이 될 수 있습니다. 단, 성공률은 30퍼센트입니다. 실패하면 사망할 겁니다." 자, 당신은 수술을 받겠는가.

이런 비극적인 장면이 아니더라도 우리의 인생에는 불확실한 상황에서 선택을 해야만 하는 경우가 많다. 주식을 매매하거나 기획안을 채택하는 등의 사업적인 선택은 물론이며 한정판 제품을 사기 위해 줄을 서거나 처음 만들어보는 요리에 도전하는 식의 일상적인 선택에 이르기까지 모두 확실하지 않은 상황에서의 결단이다. 여기서 간단한 게임을 가정해보자. A와 B라는 두 개의 선택지가 있다. A를 선택하면 반드시 50원을 획득할 수 있다. 한

편 B를 선택하면 각각 50퍼센트의 확률로 200원이나 0원을 획득한다. 선택할 기회는 한 번뿐이다. 당신은 어느 쪽을 선택할 것인가. 대다수의 사람이 B를 선택할 것이다. 수학적으로 B는 평균 100원을 기대할 수 있으므로 이것을 선택하는 편이 명백히 유리하다.

하지만 액수가 커지면 상황이 달라진다. A를 선택하면 무조건 50억 원, B를 선택하면 50퍼센트의 확률로 200억 원 또는 0원이라고 한다면 어떨까. 비록 기대되는 금액은 B가 크지만 A를 선택하는 사람이 많을 것이다. 미시경제학에서는 이런 현상에 대해 A쪽의 '기대 효용'이 높다고 해석한다. 보수와 그 효력은 거의 대수 함수의 관계라고 할 수 있다. 금액이 커지면 안전성을 중시하는 심리가 작용한다.

미국 듀크대학의 플랫Platt 박사는 원숭이를 통해 생물이 리스크에 대처하는 본질적인 원리를 조사했다. 박사는 원숭이에게 A와 B라는 선택지를 제시했다. 원숭이는 어느 쪽을 선택하든 그 대가로 주스를 획득할 수 있다. 여기서는 알기 쉽게 원숭이가 얻을 수 있는 주스의 양을 금액으로 바꾸어 설명하겠다. 원숭이는 A를 선택하면 150원을 받지만 B를 선택하면 50퍼센트의 확률로 200원 또는 100원을 받는다. 이 경우에는 어느 쪽을 선택하든 평균으로 계산하면 150원이므로 가치는 동등하다. 그런데도 원숭이는 이 경우에 B를 선택하는 경향을 보였다. 마치 리스크를 즐기는 것처럼 말이다. B를 선택할 경우 받을 보수를 250원과 50원으로 격차를 넓히자 B를 선택하는 경향이 더욱 강해졌다. 플랫 박사는 이 실험을 통해 '후대상後帶狀 피질'이라고 불리는 뇌 부위의 신경세포가 리스크를 감지한다는 사실을 발견했다. 이 연구에서 특히 흥미로운 점은 B의 평균 보수를 A보다 낮추어도 원숭이는 여전히 B를 선택한다는 사실이었다. 즉 생물은 본능적으로 게임을 즐기며 그 결과로 자신이 손해를 보고 있다는 사실조차 알아채지 못한다. 비즈니스 현장에서도 이처럼 인간의 맹목적인 선택 습성을 이용하는 경우가 적지 않다.

리스크와 보수의 트릭을 이용한 대표적인 것이 복권이다. 물론 수학적인 기대치를 보면 복권은 사지 않는 것이 합리적이다. 나도 연초에 난생처음으로 복권을 구입했다. 물론 당첨되리라는 믿음은 없다. 그저 '꿈을 산다'는 기분으로 구입했다. 만약 복권에 당첨된다면 어떤 생활을 할까 하고 가족과 즐거운 대화를 나눌 수 있었다. 그런 의미에서 보면 리스크의 효용은 보수만으로는 측정할 수 없는 것인지도 모른다.

놀랍도록 정확한 인간의 감각

하늘 높이 공이 날아오른다. 날아오른 공의 낙하지점으로 달려가 그 공을 잡는다. 우리는 감으로 낙하지점을 알 수 있다. 이것을 물리학으로 측정하려면 상당한 양의 계산이 필요하다. 공의 낙하지점을 컴퓨터로 계산하려면 공의 속도와 방향뿐만이 아니라 풍향과 공기 저항, 공의 회전수 등을 전부 고려해야 한다. 게다가 현실에서는 풍향이 불규칙적으로 변하기도 한다. 그 모든 것을 숫자로 계산하려면 여러 가지 문제를 풀어야 한다.

하지만 인간은 감으로 재빨리 낙하지점을 예측한다. 신기한 일이다. 그런데 이런 물리적인 감은 상당히 정확한 것에 비해 숫자에 대한 감은 그렇지 못하다.

그리고 놀랍도록 엉성한 인간의 감각

일반적으로 사람들은 금액이 커질수록 선택에 신중해진다. 예를 들면 파친코의 구슬 한 개는 가격이 상당히 저렴하다. 사람들은 그 정도라면 손해를 봐도 괜찮을 것이라는 생각으로 파친코를 한다. 하지만 만약 구슬 한 개에 1만 원이라고 하면 어떨까.

파친코를 하는 사람이 지금처럼 많지 않을 것이다. 낮은 가격은 리스크에 대해 둔감하게 만들고 높은 가격은 리스크에 민감하게 만든다.

실제로 주어지는 보수가 아닌 스스로 가치를 찾아내는 보수에 대한 기대감을 '기대 효용'이라고 한다. 최근 들어 그 기대 효용과 내면의 가치를 나타내는 신경세포가 발견되고 있다. 최근 발표된 논문에 따르면 시각 정보를 처리하는 초기 단계부터 개인의 주관적인 가치 판단이 개입된다고 한다. 인간은 그런 주관적인 생각 때문에 판단을 그르친다. 기업은 인간의 그런 습성을 교묘히 이용한다. 상품의 가격 책정도 그중의 한 예다. 천 원짜리 상품을 980원에 파는 경우가 있다. 차액은 불과 20원이므로 매상에는 큰 차이가 없지만 소비자가 느끼는 차이는 상당히 크다. 자릿수가 다른 것이다. 그런 내적인 가치 판단을 이용해 980원이라는 가격표를 붙이는 것은 흔히 볼 수 있는 전략이다.

인간이 의외로 잘못 판단하기 쉽다는 것을 보여주는 예로 '생일 역설birthday paradox'이 있다. 우연히 어떤 두 사람의 생일날이 같다. 한 학급에 학생이 40명이라면 생일이 같은 학생들이 최소한 쌍 이상 존재할 확률은 얼마나 될까. 90퍼센트나 된다. 23명만 되어도 그 확률은 50퍼센트를 넘어선다. 그러므로 한 학급에서 생일이 일치할 확률은 상당히 높다고 할 수 있다.

탁자 위에 잔돈을 적당히 흩뜨려놓고 얼마나 되겠느냐고 물으면 대부분 실제 금액보다 적게 대답한다. 스크린 위에 다수의 점들을 찍어놓고 그 숫자를 물어봐도 역시 실제 숫자보다 적게 대답한다. 1부터 10까지 더하면 55가 된다는 것은 수학에 관심이 있는 학생이라면 누구나 알고 있다. 그런데 1부터 10까지 곱하면 얼마나 될까. 그 질문에 대해 비교적 많은 사람이 5천 정도일 것이라고 대답하고 있다. 하지만 정답은 무려 3,628,800이다. 뇌는 대체로 우리가 생각하는 것만큼 정확하지 못하다.

규칙을 어기고 싶은 충동이 생기는 과학적 원인

우는 사람만 보면 따라 눈물이 난다면

비즈니스에서 상대의 진의를 파악하는 것은 상당히 중요한 일이다. 런던대학의 싱거Singer 박사는 기능성 자기공명영상이라는 장치를 이용해 인간이 뭔가를 느낄 때 뇌가 어떻게 반응하는지를 살펴보았다. 싱거 박사는 피험자의 오른손에 전기 자극을 주면서 뇌의 활동을 기록했다. 전기 자극을 받으면 아프다. 이 실험은 바로 그 통증을 느낄 때 뇌의 반응을 기록하려는 것이었다. 그 결과 시상視床이나 체성감각 영역 같은 특정 뇌 부위의 반응을 확인할 수 있었다. 그 부위들은 오래전부터 '통각'이 지나는 경로로 막연히 인식되고 있었는데 싱거 박사가 실험을 통해 그것을 입증한 셈이다.

그런데 놀랍게도 통증을 느낄 때 반응한 뇌 부위는 통각 경로

뿐만이 아니었다. 대상帶狀 영역이나 도피질島皮質이라고 불리는 부위도 동시에 반응을 보였는데 이는 미처 예상치 못한 발견이었다. 무엇 때문에 그런 부위까지 활동하는 걸까. 그 해답은 의외의 실험에서 얻을 수 있었다. 이 부위들은 자신뿐만 아니라 타인이 겪는 통증에도 반응을 보였던 것이다. 타인의 통증에 불안해하는 감각을 만들어내는 것이 대상 영역이나 도피질의 활동이었다. 싱거 박사는 타인의 고통을 감지하는 그 신경을 '동정 뉴런'이라고 명명했다. 흥미로운 점은 동정 뉴런이 활동한 것은 고통받은 상대가 친족이나 연인 같은 가까운 사이일 때뿐이고 낯선 타인의 경우에는 아무런 반응을 하지 않았다는 점이다. 오히려 싫어하는 사람이 고통을 받는다면 통쾌한 느낌을 받지 않았을까. 런던대학의 터너Turner 박사는 "뇌는 거짓말을 하지 않는다"라고 말했다. 그것이 사실이라면 동정 뉴런의 활성화 정도로 상대가 자신을 얼마나 사랑하고 있는지 일목요연하게 알 수 있지 않을까. 자기공명영상으로 애정을 진단할 수 있을지도 모른다.

《뉴런》지에 실린 한 논문 역시 자기공명영상을 이용한 새로운 가능성을 제시하고 있다. 미국 베일러대학의 몬태그Montague 박사는 코카콜라와 펩시콜라를 마셨을 때 뇌가 어떻게 반응하는지 조사했다. 브랜드 이름을 모른 채 마셨을 때는 전두前頭 영역의 반응에 별다른 차이가 없었다. 하지만 브랜드를 알고 마셨을 때는 해마 같은 다른 뇌 부위까지 반응을 보였다. 특히 코카콜라를 마신 경우에 큰 반응을 보였는데 이것은 그만큼 코카콜라에 대한 기대치가 높다는 사실을 보여준다.

지금의 시장 조사는 주로 소비자나 유통 경로를 통해 수집한 자료를 바탕으로 이루어지고 있는데 이 논문은 뇌의 반응 자체가 유효한 시장 지표라는 것을 나타내고 있다. 이 같은 뉴로마케팅neuromarketing은 미래의 다양한 분야에서 응용될 수 있다. 일반 기업들뿐만 아니라 범죄 수사시 사용되는 거짓말 탐지기라던가 각종 심리 치료 등 새로운 시장의 개척이 기대되는 분야 중 하나다.

상대의 행위를 보고 반응하는 '거울 뉴런'

싱거 박사가 동정 뉴런을 발표하기 이전에도 그와 유사한 거울 뉴런mirror neuron이라는 것이 존재했다. 이것은 상대가 하는 행동에 반응하는 신경세포다. 거울 뉴런이 발견되기 전까지는 녹색이 보였다면 녹색, 사과가 보였다면 사과라는 식의 즉물적인 것에 응답하는 신경세포만이 존재한다고 알려져 있었다. 거울 뉴런은 자신이 특정 행동을 할 때와 다른 동물이 동일한 행동을 관찰할 때 활성화되는 뉴런이다. 게다가 행위의 주체가 자신이든 타인이든 상관없이 반응한다는 점이 커다란 특징이다. 이를테면 자신이 아이스크림을 먹고 있을 때도 활동하고 상대가 아이스크림을 먹고 있을 때도 활동한다. 이렇게 거울에 비친 것처럼 행위에 반응하기 때문에 거울 뉴런이라고 부른다. 그 거울 뉴런의 연장선에 있는 것이 동정 뉴런이다. 자신이 직접 아픔을 느끼거나 혹은 아프리라 여겨지는 것을 보고 반응하는 신경세포다. 싱거 박사는 이 신경세포에 대한 논문을 《네이처》에 잇따라 게재했다. 동정 뉴런은 예컨대 어떤 부정이나 범법을 저지른 사람에게 어떤 벌을 주어야 할지 판단하는 데에도 도움이 된다. 극단적으로 말하면 부정행위를 용인하지 않는 사회 통념을 만들어내는 데도 동정 뉴런이나 그와 관련된 뇌 부위가 작용하고 있다는 것이다.

싱거 박사는 이에 대해 한 실험을 진행했다. 카드 게임에서 부정행위를 한 사람에게 어느 정도의 벌을 주면 좋을지를 실험 참가자들에게 물었더니 흥미롭게도 남성과 여성의 반응이 각각 달랐다. 동일한 부정행위에 대해 남성은 강한 벌을 제시한 반면 여성은 오히려 벌을 받는 사람을 동정하는 경향이 있었다. 남성은 사회의 규칙이나 법률에서 벗어난 사람을 배제하는 규율을 만들고 싶어 했다. 그에 반해 여성은 상대가 부정행위를 저질렀어도 비교적 관용을 베풀고 싶어 했다. 지금의 사법부에는 아직까지 여성보다 남성이 많다. 만약 판사들의 남녀 비율이 같아진다면 남성은 원칙에 준해서 의견을 제시하고 여성은 융통성 있는 의견을 제시해 그 절충안으로 새로운 판결이 나올지도 모르겠다.

인간에게 특별히 부여된 또 하나의 유전자

생물의 존재나 규칙 중 상당수는 유전자가 규정하고 있다. 생명 유지에 필요한 정보를 유전자로 이어받고 있는 것인데 인간 사회에는 그 이외에 또 하나의 유전자가 존재한다. 문화라는 규칙과 관련된 유전자다.

인간은 어째서 규칙을 만드는 걸까. 집단 속에서 자발적으로 규칙을 만든다는 것은 상당히 흥미로운 일이다. 그 규칙 중에는 우스꽝스러운 부분도 있고 불합리한 부분도 있다. 이를테면 축구가 그렇다. 인간은 양손을 자유롭게 사용할 수 있는 동물인데도 그것을 사용하지 않고 오직 발로만 경기한다. 그런 특이한 규칙이 집단 속에서 저절로 생겨난다는 것이 신기하다. 사회적 집단이 있는 곳에는 반드시 규칙이 존재한다. 그 규칙이 불합리하고 불가사의해도 그 사회에서 통하고 있는 것이다.

세계의 다양한 스포츠를 보면 인간은 일부러 규칙을 만들어 '부자유스러운 재미'를 즐기고 있는 것 같다. 비단 스포츠 분야뿐만 아니라 예술에도 여러 가지 규칙이 존재한다. 가령 회화의 세계에는 오래전부터 그리스도나 성모는 파란색과 빨간색 의상으로 그려야 한다는 규칙이 존재했다. 그런데 라파엘로Raffaello는 「작은 의자에 앉은 성모」라는 작품에서 파란색을 녹색으로 바꾸었다. 녹색과 빨간색은 서로 보색 관계에 있는 색깔로 캔버스 위에서 강렬한 효과를 발휘한다. 라파엘로는 그 효과를 우선시해 규칙을 어긴 것이다. 미켈란젤로Michelangelo Buonarroti도 「최후의 심판」에서 그리스도교 사회에 굳게 자리한 많은 규칙을 어겼다. 성인의 후광이나 천사의 날개를 그리지 않는 식의 규칙 위반에 당시 교회 관계자들은 상당히 거부감을 느꼈을 것이다. 하지만 그것 때문에 그 작품들은 걸작이 되었다. 정해진 규칙을 깨는 재미와 거기서 생겨나는 약동감은 예술의 원점이다. 앞서 언급한 라파엘로나 미켈란젤로의 규칙 위반은 나중에 또 하나의 규칙이 되었다. 그리고 그 새로운 규칙은 역시 후대의 예술가들에 의해 파괴된다. 예술은 규칙의 생성과 붕괴가 반복되며 발전한다.

음악도 마찬가지다. 하이든Franz Joseph Haydn은 곡의 빠르기나 가락, 구성 등을 정하고 교향곡 같은 음악의 형식을 만들어냈다.

가장 먼저 그 규칙을 깬 것은 제자인 베토벤이다. 그는 형식을 파괴하는 새로운 아이디어를 떠올렸을 때만 곡을 만드는 경향이 있었다. 역으로 말하자면 뭔가 새로운 것을 발견하지 않으면 곡을 만들지 않았다는 말이다. 하이든이 104곡, 모차르트가 41곡의 교향곡을 만든 것에 비해 베토벤은 9곡밖에 만들지 못한 이유도 거기에 있다. 베토벤의 교향곡에는 항상 새로운 발견이 있다. 그 중에서 가장 획기적인 것이 교향곡 3번 「영웅 교향곡」이다. 그 이전의 곡들은 길어봐야 25분 정도였지만 교향곡 3번은 한 시간 정도다. 게다가 경쾌하고 화려한 오케스트라 곡이 아닌 웅대하고 공격적인 음악이다. 분명 당시 사람들은 무척 낯선 느낌을 받았을 것이다. 하지만 영웅 교향곡 이후로 장대함은 또 하나의 규칙이 된다. 교향곡 6번 「전원」도 획기적이다. 일반적으로 교향곡은 4악장으로 구성되어 있지만 전원은 5악장으로 만들어졌다. 게다가 타이틀에 맞게 전원의 풍경을 고스란히 묘사하는 부분도 포함되어 있다. 그 이전의 교향곡들은 구체적인 것을 표현하기 보다 추상적인 것을 숭상하는 풍조가 있었는데 전원에서는 새소리나 바람 소리 같은 것까지 사실적으로 표현했다. 또 9번 교향곡에는 합창을 악기처럼 사용하고 있다. 이 기법도 그 이후에 말러Gustav Mahler 등이 새로운 규칙으로 채택하게 된다.

이런 측면으로 규칙에 대해 생각해 보면 상당히 흥미롭다. 인간이 스스로 규칙을 만들어내면 반드시 누군가가 나타나서 그 규칙을 깬다. 일종의 규칙이라는 매너리즘이 신선함으로 교체되는 과정을 통해 예술은 거듭 새로워진다.

MRI로 마음 상태도 찍을 수 있을까?

다시 동정 뉴런에 관해 이야기해 보자. 자기공명영상을 사용하면 그 사람의 생각까지 확인할 수 있다. 이것이 좋은 것인지 나쁜 것인지 판단하기는 쉽지 않다. 우리는 어릴 적부터 부모님이나 선생님에게 거짓말은 나쁜 것이라는 말을 들으며 자란다. 하지만 현실에서는 거짓말이 필요한 경우도 분명 있다. '거짓말도 하나의 방편'이라는 말도 있듯이 인간은 때때로 거짓말로 자신을 꾸미고 사회도 그것을 당연한 일로 받아들인다. 그런데 자기공명영상을 사용하면 상대가 거짓말을 하는지 아닌지, 상대가 자신에게 애정이 있는지 아닌지 모두 알게 된다. 과연 그것은 좋은 걸까.

이와 관련해 다음과 같은 재미있는 이야기도 있다. 티베트의 고승은 깊은 명상 상태에 빠져들 수 있는데 그중에서도 오랫동안 수행한 노승들의 뇌에서는 특이한 뇌파가 발생한다는 소문이 있었다. 깨달음의 경지라고나 할까. 그런데 뇌파를 조사해 보니 일반인과 다른 점이 전혀 없었다. 평소 제자들 앞에서 위엄 있는 모습을 취하던 승려들을 민망하게 만드는 진실이었다.

비단 명상에 한정된 것은 아니다. 인간은 마음속으로 여러 가지 생각을 하고 있다. 그런 생각을 통해 스스로 행동 여부를 결정한다. 그 과정이 세세히 밝혀진다면 왠지 알몸을 드러낸 듯한 기분이 들 것이다.

인간에게 자유 의지가 존재할까?

여기서 또 하나 문제가 되는 것은 인간에게 본래 자유 의지가 있느냐 하는 것이다. 과학자 리벳Libet의 유명한 실험이 있다. 피험자에게 자신이 원할 때 버튼을 누르라고 말한 뒤 피험자가 버튼을 눌렀을 때 뇌가 어떻게 활동하는지 살폈다. 상식적으로 생각한다면 우선 버튼을 누르겠다는 의지가 생겨날 테고 운동을 추진하는 뇌 부위가 활동하면서 손가락에 버튼을 누르라는 지령을 보낼 것이다. 그런데 결과는 이와 달랐다.

버튼을 누르고 싶은 의지가 생겨나기 1초쯤 전에 뇌의 전운동 영역premotor area은 이미 준비하기 시작했다. 정리하자면 뇌의 활동이 첫 번째로 생겨나고 그다음에 버튼을 누르겠다는 의지가, 그리고 마지막으로 손가락을 움직이는 순서였던 것이다. 자신의 의사로 버튼을 누르는 것 같지만 사실은 스스로 의식하기 전에 뇌가 먼저 움직인다. 이런 상황에서 과연 인간에게 자유 의지가 존재한다고 말할 수 있을까.

과학적인 시각에서 보면 인간에게 자유 의지라는 것은 존재하지 않는다. 자유 의지, 다른 말로 특정 행동을 선택하는 능력의 가장 원시적인 형태를 볼 수 있는 것이 거머리다. 거머리는 뭔가가 몸에 닿으면 헤엄을 치거나 바닥을 기어 도망간다. 공원의 비둘기가 사람을 피해 날아가거나 땅바닥에서 달음질치는 것과 비슷하다. 거머리가 도망치는 방법을 선택하는 것은 자신의 내부에서 스스로 도피 행동을 결정하고 표현하는 것이다. 말하자면 신경회로의 내면에 있는 '마음'의 원시적인 표현인 셈이다.

거머리의 뇌는 사람과 달리 단순하다. 모든 신경세포의 구조와 원리를 파악할 수 있을 정도다. 거머리의 신경회로를 조사하면 헤엄을 쳐서 도망을 칠 것인지 기어서 도망칠 것인지를 결정하는 세포가 무엇인지도 알 수 있다. 그런 점에서 거머리는 실험 도구로서 아주 훌륭한 표본이다. 거머리를 깊이 연구하다 보면 인간의 마음과 의지에 숨겨진 비밀을 풀게 될지도 모른다. 궁금한 사람을 위해 덧붙이자면 거머리가 헤엄을 치느냐 또는 기어

가느냐를 결정하는 것은 208번이라는 번호가 붙은 신경세포가 선택하는 일이었다.

선택의 이유는 언제나 '그냥'

신경세포막의 전기는 별다른 이유 없이 반응한다. 신경세포의 시스템은 공중의 바람과 마찬가지로 그저 존재하는 것만으로 흔들리는 것이다. 신경세포막에는 전기가 많이 모여 있을 때와 그렇지 않을 때가 있다. 거머리는 세포막에 전기가 많이 모여 있을 때 자극을 받으면 헤엄을 쳐서 도망친다. 반대로 전기가 모여 있지 않을 때 자극을 받으면 기어서 도망친다. 두 행동의 차이는 그것뿐이다. 자극받을 당시의 신경세포가 어떤 상태냐에 따라 행동이 결정되는 것이다.

인간의 선택도 곰곰이 생각해 보면 절대적인 근거 같은 것은 없다. 가령 동전을 던져 앞면인지 뒷면인지 맞추는 게임에서 상대가 '앞면'이라고 대답했더라도 그 선택의 근거는 아무것도 없다. 선택한 이유를 물으면 직관이라고 대답할 수밖에 없다. 그런데 직관이란 대체 무엇일까. 직관으로 맞출 확률은 평균 50퍼센트로 결국 아무렇게나 선택하고 있는 것이나 마찬가지다.

앞면을 선택하는데 어떤 신경세포가 작용한 것인지는 아직 밝혀지지 않았다. 하지만 어느 특정한 세포, 혹은 어느 특정한 회로의 동요로 결정되는 것만은 분명한 것 같다. 같은 사람이라도 어떤 때 물으면 앞면이라고 대답하고 다른 어떤 때 물으면 뒷면이라고 대답한다. 가끔 스스로도 이해할 수 없는 본인과 주변 사람들의 이상한 행동들은 분명 이런 우발적인 동요가 거듭되면서 만들어졌을 것이다.

그 사람은 왜 나를 좋아할까?

《네이처 뉴로사이언스》에 선택에 관한 흥미로운 실험 하나가 실렸다. 사람들에게 단어를 잇따라 보여주고 얼마쯤 지난 뒤에 한 단어를 보여주면서 앞서 보여준 리스트에 그 단어가 있었는지 맞추는 실험이었다. 물론 모든 것을 기억할 수는 없으므로 기억하는 단어와 그렇지 못한 단어가 있었다. 뇌파를 이용해 그 기억의 차이가 생겨난 이유를 조사하던 중 뜻밖의 발견을 하게 되었다.

사람들이 기억하는 단어에는 어떤 규칙도 특징도 존재하지 않았다. 그저 어느 특정한 뇌의 상태일 때 단어를 제시하면 정확히 대답했지만 다른 상태일 때는 대답하지 못했다. 단지 그것뿐이었다. 뇌파를 관찰하기만 하면 문제에 상관없이 그 사람이 정답을 말할지 오답을 말할지 미리 알 수 있는 것이었다.

앞서 소개한 버튼을 누르는 실험에서도 피험자는 언제든 버튼을 누를 수 있는데 왜 하필이면 그때 누르기로 한 걸까. 본인에게 물어봐도 그 이유를 알지 못한다. 우연히 뇌의 신경세포가 동요하면서 신경회로의 출력이 그 방향으로 모였기 때문에 버튼을 누르겠다는 의지가 생겨난 것뿐이다. 많은 이들이 인간이 하는 행동에는 언제나 합리적 이유가 존재할 것이라 믿지만 사실 대부분의 행동에는 특별한 근거가 없다.

연애도 마찬가지다. 과연 상대를 좋아하게 된 근거가 있을까. 만약 연인이 당신에게 "내 어떤 점이 좋은 거야?" 하고 물으면 어떻게 대답하겠는가? "상냥하고 얼굴이 예쁘니까"라는 식의 이유를 든다. 그 대답에 대해 다시 "그럼 상냥하고 예쁘면 누구라도 좋아할 거야?" 하고 되물으면 어떻게 대답할까. 난감하다. 물론 누구라도 좋아할 리는 없다. 그런 식으로 파고들면 결국에는 별다른 이유가 없다. 사람을 선택한 뒤에 합리화하고 있는 것뿐이다. '왜 좋아하게 된 거지?'라는 질문의 정답은 '뇌가 동요했기 때문에'다.

범죄를 저지르는 뇌도 있다면

이렇게 이야기하다 보면 신경 윤리적인 측면에서 의문 하나가 생긴다. 구체적 동기나 의도 없이 살인을 저지른 자에게도 죄를 물을 수 있을까 하는 의문이다. 자유 의지가 아닌 몸이 멋대로 움직여 살인한 것이니까 그 사람은 아무런 잘못도 없는 것 아닐까. 본인의 의지가 아니라 우연히 뇌가 동요했기 때문에 우연히 실수한 것이라면 과연 그 사람을 심판할 수 있을까.

앞서 소개한 버튼을 누르는 실험을 예로 들면 자신이 원할 때 버튼을 누르라는 말을 듣고 바로 누르려고 생각한다면 그때 뇌는 1초쯤 전부터 이미 버튼을 누를 준비가 완료된 상태다. 그리고 1초가 지난 뒤부터 버튼을 누르겠다는 의식이 생긴다. 뇌는 당장이라도 버튼을 누를 수 있다. 하지만 실제로 버튼을 누르라는 지령이 내려지기까지는 0.2~0.3초의 시간이 더 소요된다. 이것이 포인트다. 다시 말해 버튼을 누르겠다는 의지가 생겼더라도 그 행동을 저지할 수 있는 0.2~0.3초의 시간이 존재한다. 버튼을 누르고 싶어졌어도 누르지 않을 수 있다는 것이다. 거기에 우리에게 선택의 자유가 있는 셈이다. 이를테면 내게 타인을 때리고 싶은 충동이 생겨났다고 치자. 이것은 뇌에서 저절로 생겨난 의사이므로 어쩔 수 없겠지만 때리는 행동을 실천에 옮기지 않을 수는 있다. 상대와 싸우다가 살의를 느꼈더라도 그 의지를 부정하고 행동으로 옮기지 않을 수 있다는 것이다. 자유 의지는 없지만 '자유 부정'은 가능하므로 모든 범죄에는 분명하게 죄가 있다.

결국은 의지의 문제다

자, 여기서 마음을 볼 수 있는 것이 좋은 일일지 대한 이야기로 돌아가 보자. 마음속에 생겨나는 대부분의 생각은 자유 부정이 가능하다. 마음은 수시로 동요하면서 이런저런 말들을 내뱉고 싶어 하지만 그중에서 극히 일부분만 실제로 입에서 튀어나온다. 사회생활을 하다 보면 자연히 상대에 대한 불쾌한 감정도 생겨나기 마련이다. 이것을 피할 수는 없다. 하지만 대부분은 그 감정을 말로 표현하지 않는다. 사회 통념상 말해도 좋은 것과 말하면 안 되는 것을 판단한다. 그런 상식적인 판단을 내리고 있는데 만약 마음속까지 전부 들여다보인다면 어떻게 되겠는가.

뇌를 살펴보면 본심을 알 수 있다고 하지만 내 생각에는 단지 동요가 보일 뿐이다. 마음속으로 상사를 욕할 수도 있지만 그것은 일종의 '동요'일 뿐이다. 그것을 표면에 드러내지 않는 것은 스스로 그 감정을 부정하고 있다는 것이다. 설령 누군가에게 살의를 느끼고 있는 것이 뇌 측정을 통해 확인되었더라도 그 생각을 행동으로 옮기지 않으면 그 사람은 정상이다. 그러므로 인간의 내면까지 측정해 법률로 제재할 수는 없다는 것이다. 스필버그Steven Spielberg 감독은 「마이너리티 리포트」라는 영화를 통해 미래의 감시 사회를 묘사하고 있는데 그곳에서는 범죄 예측 시스템으로 검사해 범죄 의사를 품은 용의자들을 체포한다. 뇌과학적으로 살펴보면 마음만 먹으면 가까운 미래에 그런 시스템을 운영할 수 있으리라 생각한다. 하지만 앞서 기술한 것처럼 그런 판정이 얼마나 의미가 있을지에 대해서는 개인적으로 회의적인 입장이다.

　신경 윤리학에서는 바람직한 과학의 발전 방향을 계속해서 모색하고 있다. 이렇게 신중한 자세로 접근하는 한 SF에서 묘사하는 식의 폭주는 현실 세계에서 일어나지 않으리라 믿는다. 그 한편에서 사회 윤리나 법 규제가 제 기능을 잃지 않는다면 마음과 뇌의 관계를 연구하는 것도 새로운 발견을 할 수 있다는 점에서 흥미로운 일이라고 생각한다.

때론 산만함이 창의력을 만든다

동요하는 뇌의 긍정적인 예를 생각해 보자. 회사에서 새로운 아이디어를 내야 할 때가 있다. 아이디어는 억지로 노력한다고 떠오르지 않는다. 새로운 생각이란 뇌의 동요를 통해서만 얻을 수 있다. 우리는 뇌가 동요할 때까지 기다릴 수밖에 없다. 물론 그렇게 머릿속에 떠오른 아이디어를 채택하는 것은 스스로의 선택이다. 머릿속에 떠오른 아이디어를 "이건 안 돼" 하고 부정할 수도 있고 "아, 이거 괜찮네" 하고 채택할 수도 있다.

동요가 심한 사람일수록 아이디어맨이라는 것은 틀린 말이 아니다. 하지만 가만히 생각해 보면 동요한다는 것은 집중력이 없다는 것일 수도 있다. 동요하지 않고 한 가지에 집중하는 사람은 좀처럼 아이디어를 내기가 어렵다. 즉 집중력이 강한 사람은 아이디어맨이 되기 어렵다. 반대로 말하면 집중력이 부족한 사람이야말로 창의력이 강하다는 것이다.

집중력과 창의력 중 어느 쪽에 가치를 둘지는 본인에게 달려 있다. 몰입이 필요한 일을 한다면 집중력이 중요하지만 새로운 아이디어가 필요한 일을 한다면 동요해야 한다. 아이디어를 떠올리는 데는 모집단의 크기가 중요하다. 이상적인 남성을 만나려면 가능한 한 많은 남성과 만나봐야 한다. 그와 마찬가지로 좋은 아이디어를 얻기 위해서는 최대한 많은 아이디어를 떠올려야 한다. 그 과정에서 전혀 도움이 되지 않는 아이디어가 훨씬 많은 것이 보통이다. 그러나 동요 속에서 생겨나는 수많은 아이디어 중에 우연히 좋은 아이디어가 발견되는 것이다. 그러므로 아이디어맨이 되고 싶다면 적극적으로 산만해져야 한다.

뇌의 100퍼센트를 사용할 수 있다면

우리는 뇌의 몇 퍼센트를 사용하고 있을까?

뇌의 성능은 사람마다 다른 것일까. 나는 그런 질문을 받을 때마다 언제나 이렇게 대답한다. "타고난 능력이란 것은 모든 생물이 다를 수밖에 없습니다. 새가 날 수 있는 능력을 가지고 태어난 반면 인간은 그렇지 못한 것처럼 말이지요." 물론 이것은 질문한 사람의 의도에서 벗어난 대답이다. 하지만 여기서는 좀 더 깊이 생각해 보자.

결론부터 말하면 천부적인 뇌의 성능은 저마다 분명 차이가 있다. 신체의 성능이나 체질에 비유하자면 알레르기 체질인 사람도 있고 암에 걸리기 쉬운 체질도 있다는 것은 누구나 알고 있을 것이다. 그 관점에서 말한다면 뇌도 신체의 일부이므로 예외가 아니다. 그럼에도 불구하고 뇌에 차이가 있느냐고 묻는 이유는 무엇일까. 자신의 뇌가 남들보다 뛰어난지 아닌지 확인하고 싶어 하는 심리 작용 때문일까.

　미국에서 활약하는 이치로 선수를 보면 누구든 자신은 도저히 따라갈 수 없다고 느낄 것이다. 천재라는 단어 이외에는 그를 수식할 단어가 떠오르지 않을 정도다. 과거의 인물 중에는 다빈치나 뉴턴 같은 천재적인 재능을 발휘한 사람들이 있다. 그와 같은 천부적인 재능은 분명 존재한다. 하지만 그런 위인과 자신을 비교해 자신은 뇌의 성능이 떨어진다고 생각하면 곤란하다. 1억 명 중 한 명에게 일어날 만한 일이 자신에게 일어나지 않았다고 낙담하는 것은 어리석은 일이다. 그 이전에 그런 천재들조차도 엄청나게 노력했다는 사실을 잊어서는 안 된다.

　일반적으로 성장 환경이 뇌에 미치는 영향은 적지 않다. 극히 일부의 경우를 제외하고는 선천적인 개체의 차이는 미미하다고 여겨진다. 과학자들은 그 근거를 종종 뇌수종 환자에게 찾곤 한다. 뇌수종이란 뇌에 물이 고여 뇌가 정상적으로 발달하지 못하는 질병이다. 지적장애 같은 증상이 나타나기도 하지만 지극히 정상적으로 성장하는 경우도 적지 않다. 개중에는 대학에서 수학상을 받을 정도로 우수한 사람도 있다. 한 환자의 경우에는 우연히 병원에서 뇌를 검사하면서 비로소 자신이 뇌수종에 걸린 사실을 알았다고 한다. 그의 뇌의 크기는 정상인의 뇌의 10분의

1밖에 되지 않았다. 그렇게 작고 불완전한 뇌를 지녔어도 그는 정상적으로 판단하고 행동할 수 있었다. 흔히 뇌의 능력이 10퍼센트밖에 사용되지 않는다고 말하는 이유다. 이 수치가 얼마나 정확한지 판단하기는 어렵지만 나는 그 논리가 거의 틀리지 않다고 본다. 아니, 실제로는 10퍼센트도 제대로 발휘하지 못하고 있을지도 모른다.

인간의 몸은 10퍼센트로 충분하다

앞의 뇌수종 환자 사례를 보면 뇌는 10퍼센트밖에 사용되지 않는다는 말이 설득력을 갖게 된다. 그런데 그 논리적인 정확성을 떠나 그 말은 자칫 오해를 불러일으킬 수 있으므로 주의해야 할 필요가 있다. "뇌의 신경세포는 1천억 개라고 들었는데 10퍼센트밖에 사용되지 않으면 나머지 900억 개는 무엇을 하는 겁니까?" 하고 질문하는 사람이 있다. 이 질문에는 명확하게 대답할 수 있다. 신경세포가 1천억 개 있다면 인간은 그 1천억 개를 거의 다 사용하고 있다. 기본적으로 뇌의 신경세포들은 모두 골고루 사용된다. 남은 90퍼센트의 신경세포가 휴식을 취하는 것은 결코 아니라는 점을 분명히 인식할 필요가 있다.

신경학자 치크로프스키Chklovskii 박사는 대뇌의 시냅스의 수는 최대 허용량의 30퍼센트도 되지 않는다고 한다. 이론상으로는 아직 3배 이상의 여유가 있다는 것이다. 그렇다고 훈련으로 시냅스의 점유량을 늘릴 수 있다고 확대해석하기에는 무리가 있다. 중요한 것은 뇌가 아니라 몸이다. 뇌가 인간의 몸에 들어 있는 이상 뇌의 기능은 인간의 몸을 조절하기 위해 사용된다. 10퍼센트를 사용하든 100퍼센트를 사용하든 그 사실에는 변함이 없다. 그러므로 남은 90퍼센트의 뇌가 잠들고 있다는 표현은 뉘앙스가 약간 다르다. 역으로 신체 기능이 지금의 인간보다 10배 뛰어난 몸에 우리의 뇌가 들어가더라도 충분히 조절할 수 있으리라 생각한다. 즉 현재의 인체처럼 그다지 뛰어나지 않은 몸을 조절하는 데는 10퍼센트만 사용하면 충분하다는 것이다.

그런 의미에서 '10퍼센트밖에 사용되지 않는다'가 아니라 '10퍼센트의 능력밖에 발휘하지 못한다'는 것이 옳은 표현이다. 이것을 잠재능력의 개발이라는 관점으로 접근하는 것은 약간 잘못된 것이지 않을까. 역시 기본이 되는 것은 몸이다.

인간만큼 불리한 몸을 지닌 포유류는 없다

세상에는 인간이 부러워할 만한 능력을 지닌 동물들이 많다. 시속 100킬로미터로 달리는 동물, 따뜻한 모피를 지닌 동물, 물속에서 오랫동안 지낼 수 있는 동물, 하늘을 날 수 있는 동물, 그리고 초음파를 사용해 어두운 공간을 날아다니는 동물도 있다. 인간의 신체 능력은 그런 동물들에 비하면 보잘것없는 수준이다. 인간은 모피가 없기 때문에 옷을 입어야 한다. 옷을 입지 않으면 생활할 수 없는 동물은 인간뿐이다. 포유류 중에서 모피가 없는 동물은 코끼리나 하마 정도다. 그들은 기본적으로 몸집이 커다랗다. 몸집이 큰 동물은 몸이 금방 따뜻해지므로 계속 체온을 방출해야 한다. 그런 상태에서 모피는 방해가 된다. 실제로 코끼리는 몸을 식히기 위해 코로 물을 빨아들여 자신의 몸에 뿌리고 하마는 물에서 지내는 것을 좋아한다.

체온 조절이라는 의미에서 보면 인간만큼 불리한 몸을 지닌 포유류는 별로 없다. 그래도 다행스러운 것은 최초에 모피를 잃은 인간이 때마침 옷을 만드는 지능을 갖고 있었다는 것이다. 그렇지 않았다면 진화 과정에서 열등한 종으로 도태되었을 것이다. 옷뿐만이 아니다. 나는 시력이 나빠서 평소에 안경이나 콘택트렌즈를 착용하는데 만약 근시인 내가 야생동물이었다면 제대로 사냥하지 못해 벌써 굶어 죽었을 것이다. 하지만 인간은 시력을 보완하는 물건을 만들어내고야 말았다. 그밖에도 다른 동물들이 타고난 능력들을 모방한 자동차, 잠수함, 비행기 등 엄청난 물건들을 수없이 발명했다. 그만큼 지능은 굉장하다. 불리한 면을 보완하는 힘을 갖고 있으니까.

인간과 티라노사우루스가 가진 의외의 공통점

"인간은 직립보행을 시작하면서 급속도로 발전했다. 손과 도구를 이용해 수렵, 농작, 요리 등이 가능해졌기 때문이다." 진화 과정을 이야기할 때면 빠질 수 없는 것이 바로 인간의 손이다. 동물의 진화를 해석할 때 인간은 종종 목적에 부합하는 의미를 찾아내려고 한다. 하지만 이것은 약간 궤변이라고나 할까. 나중에 말을 갖다 붙인 듯한 느낌이 든다.

두 다리로 걷게 되면서 손을 자유로이 사용할 수 있게 된 것은 인간뿐이다. 곰곰이 생각해 보자. 인간 이외에도 두 다리로 걷게 된 동물이 있다. 공룡 도감에 항상 등장하는 티라노사우루스다. 그렇게 직립보행하기 시작한 동물의 두 손은 어떻게 되었을까. 거의 퇴화하고 말았다. 현존하는 동물 중에서는 캥거루가 그와 비슷하게 변화하고 있다. 이처럼 사용하지 않는 부분은 기본적으로 퇴화한다. 그러므로 두 다리로 걸으면 손은 자연스레 퇴화하기 마련이다.

    그런데 어찌 된 일인지 인간은 두 다리로 걸으며 손이 더욱 발달하게 되었다. 이것은 다행스러운 일이다. 인간의 몸에서 다른 동물보다 뛰어난 부위는 손과 인두(소리를 내고 말을 조절할 수 있다) 정도가 아닐까. 인간과 여러 동물의 모습을 통해 그 잠재성과 진화의 과정을 상상하는 것도 상당히 즐거운 일이다.

뇌과학으로 타인을 이해한다는 것

뇌는 말장난을 한다

가벼운 마음으로 내뱉은 말장난으로 주변의 분위기가 썰렁해진 경험이 있는가. 젊었을 때는 그런 시시한 말장난이나 내뱉는 아저씨가 되지 않겠다고 다짐했는데 문득 자신을 돌아보니 어느새 그런 중년이 되어가고 있다. 여기서는 말장난의 진가를 발견하고 그 구조를 생각해 보기로 하자. 힌트는 언어학에 감춰져 있다. 언어는 고도의 지적인 산물이다. 우리가 일상적으로 사용하는 단어는 1만 개가 넘는다고 한다. 수많은 어휘를 다양하게 사용하여 대화하고 있는 셈이다. 대화 중에는 말이 막힘없이 술술 나온다. 1만 개나 되는 대용량 데이터를 순식간에 검색해 거의 무의식적으로 문맥을 이어가는 것이다. 이런 고차원적인 처리가 가능한 것은 단어들이 뇌 속에 질서정연하게 저장되어 있기 때문이다. 여기서 질서란 유사성을 말한다.

그것을 잘 보여주는 예가 연상 게임이다. 예를 들어 '희다'라는 말을 들으면 무엇이 떠오르는가. 구름, 분필, 아이스크림 등 제각기 흰색과 연관성이 있는 다양한 단어들이 떠오를 것이다. 어떤 특별한 생각이나 경험이 없는 이상 전혀 관계가 없는 단어를 떠올리지는 않는다. 이처럼 단어는 일반적으로 의미가 가까운 것끼리 나누어져 뇌에 보존되고 있다. 그런 효율적인 정리법이 원활한 상기를 가능하게 한다.

그런데 어린이의 뇌는 아직 그 정리법이 제대로 이루어지지 않는다. 어린 뇌에서 단어는 의미에 따라 구분되지 않고 소리에 따라 구분되는 경우가 많다. 그 결과 비슷한 발음의 단어를 연상하게 된다. 어린이가 '희다'에서 '시다'를 연상하는 것은 드문 일이 아니다. 소리가 비슷하기 때문이다. 실제로 말장난이 가장 빈번한 시기는 유치원생부터 초등학생까지다. 이것은 단어를 의미가 아닌 소리로 인식하고 있기 때문이다. 아무래도 의미보다는 단순히 소리로 인식하는 편이 뇌에는 부담이 적을 것이다. 어른들도 말장난이 늘어나는 경우가 있다. 예를 들면 등산할 때는 산에 올라갈 때보다 내려올 때 말장난을 많이 한다. 피로 때문에 단어의 내용을 깊이 생각하지 않고 표면적인 소리에 뇌가 쉽게 반응하는 것이다. 어쩌면 말장난을 연발하는 어른들은 업무로 뇌가 지쳐 있기 때문인지도 모른다.

표면적인 '소리'와 심층적인 '의미'. 이 두 가지는 불가분의 관계다. 두 가지가 합쳐져야 비로소 언어적인 기능을 발휘한다. 근대 언어학의 아버지라고 불리는 소쉬르F. de Saussure는 일찍이 그런 사실을 지적했다. 하지만 우리는 일상생활에서 '의미'에만 의지해 언어를 분류할 뿐 '소리'에 따른 연상은 무시하는 경향이 있다. 때로는 소리에 따른 연상을 말장난으로 치부하며 거부감을 드러내기도 한다. 하지만 이런 자세는 언어의 두 가지 성질을 제대로 활용하지 못하고 스스로 제한하는 것이라고 할 수 있다. 예로부터 문학에서도 동음이의어나 다의어를 이용한 문장들이 많이 등장한다. 또 한시나 서양의 시에서는 일반적으로 문장 끝에 운을 달곤 한다. 두보나 단테, 셰익스피어 같은 문호들 역시 소리의 유사성에 민감했을 것이다.

말은 단지 대화하기 위한 도구뿐만이 아니라 예술이나 오락도 될 수 있다. 말장난은 언어의 잠재력을 활용한 또 하나의 표현 수단이다. 여유가 사라진 요즘은 말장난하는 뇌가 오히려 환영받아야 할 것인지도 모른다. 단 상황을 고려하지 않은 지나친 말장난은 사람들을 불쾌하게 할 수 있음을 기억해야 한다.

아기는 어떻게 웃는 걸까?

하등동물이 하는 행동들의 목적은 대부분 생명 유지와 종족 보존이다. 이에 반해 고등동물들은 생명 유지에 필수적이지 않은 놀이 같은 행동을 취한다. 그 자발적인 창조성이 어디에서 생겨나는 것인지는 아직 구체적으로 밝혀지지 않았다.

유머는 고급스러운 쾌락이다. 농담을 들으면 쾌감을 느끼는 보수 계통의 뇌 부위가 활동한다. 미소를 짓는 얼굴도 인간의 수준 높은 행동이다. 얼굴 근육을 섬세하게 조절해 미소를 지을 수 있는 동물은 인간뿐이다. 그 이유는 두 가지로 추측된다.

우선 인간의 얼굴에는 표정을 지을 수 있는 표정근表情筋이 있다. 소근笑筋이라는 이름의 근육을 조절해 미묘한 표정을 만드는 것이 가능하다. 하지만 원숭이나 개의 안면 근육은 인간만큼 섬세하게 조절되지 못한다. 물론 상대를 위협하는 정도의 단순한 표정은 나타낼 수 있다. 해부학적으로 말하면 동물의 얼굴은 음식을 씹는 저작근咀嚼筋은 크게 발달한 것에 반해 웃음을 만들어 내는 표정근은 그다지 발달하지 않았다. 또 하나의 이유는 다른 동물에게는 원래 웃음이라는 개념 자체가 없을지 모른다는 것이다. 물론 얼굴 근육이 발달하지 않아 웃지 못하는 것인지 애초에 웃음에 대한 감각이 없어서 웃지 못하는 것인지는 정확히 알 수 없다. 이와 관련해 개가 꼬리를 흔드는 행위를 인간의 웃음과 유사한 표현이라고도 해석하기도 한다. 하지만 사실 개가 꼬리를 흔드는 것은 반사적 행동이다. 사람이 무의식적으로 다리를 흔드는 것과 같은 것이다.

웃음은 언어가 존재하기 때문에 생겨난 것이라고 생각하는 사람도 있다. 하지만 언어가 없어도 웃음이 존재한다는 것은 아기가 미소 짓는 것을 보면 알 수 있다. 다만 그 웃음이 즐거움의 표시가 아닌 것은 거의 확실하다. 아기가 웃음을 보내는 상대는 분명 가장 가까이 있는 부모다. 부모는 그 웃음을 보고 아이가 편안한 상태임을 판단하고 안도감을 느낀다. 아기도 마찬가지다. 언어를 사용하지 못하는 대신 현재가 만족스럽다는 일종의 신호로 웃음을 이용하는 것이다.

어이없는 실수에 헛웃음이 나오는 것은 과학이다

본래 미소는 자신이 지금 만족스러운 상태에 있다는 것을 상대에게 전달하기 위해 생겨난 것인지 모른다. 나는 이렇게 생각하면서 평소에 타인의 미소를 유심히 관찰했다. 만담가가 사람들을 웃길 때의 상황을 관찰해 보니 '다음에는 무엇을 말할까?'

하는 긴장감을 일부러 유도한다는 사실을 알게 되었다. 그런 상황을 조성한 다음에 '뭐야, 그런 거였어' 하는 안도감이 생기면 웃음이 터진다. 한순간 긴박했던 상황이 단번에 해결되었을 때 웃음이 나온다. '아, 난 괜찮아요' 하는 신호가 웃음의 패턴 중 하나였다. 개중에는 『미스터 빈』 같은 코미디 영화에서 종종 등장하는 냉소적인 웃음도 있다. 그 웃음은 극단적으로 말하면 '아아, 피해자가 내가 아니라서 다행이야' 하는 웃음이 아닐까. 이 역시 일종의 안도감에서 비롯된 웃음이다.

운동 경기에서 실수했을 때 나오는 웃음이나 지하철에서 간발의 차이로 전차를 타지 못했을 때 나오는 웃음도 있다. 만약 부모가 위독해 서둘러 병원에 가야 하는 긴박한 상황이었다면 전차를 놓쳤을 때 웃음이 나오지 않을 것이다. 나는 전차를 놓쳐도 상관없으며 다음 전차를 타면 된다는 마음을 스스로와 상대에게 전하기 위해 미소가 나오는 게 아닐까.

웃음은 만국 공통이다. 서양인이든 동양인이든 웃음은 비슷하다. 고대 벽화를 봐도 웃는 모습은 지금과 똑같다. 얼굴의 표정은 지역이나 시대를 초월해 일치한다. 표정은 인류의 공통적인 재산인 셈이다.

심장을 보호하는 오른손잡이 유전자

인간의 유전자는 저마다 조금씩 차이가 있다. 그래서 각자 개성이 다르고 얼굴 생김새가 다르다. 예를 들어 아시아인과 유럽인은 생김새가 현저히 다르다. 그 주된 원인 중 하나는 유전자의 차이 때문이다. 인간의 유전자도 개인마다 다르지만 인간과 가장 가까운 동물인 침팬지도 제각기 유전자가 다르기 때문에 성격도 다르다. 그런데 흥미로운 것은 그 침팬지들이 지닌 유전자의 개체차에 비해 인간의 유전자는 그다지 큰 차이가 나지 않는다는 것이다. 즉 인간은 동물 중에서도 유전자가 상당히 균일한 집단이다.

그 예시로 오른손잡이가 있다. 세계 어디를 가든 오른손잡이가 우세인 사회를 볼 수 있는데 심지어는 문명사 이전의 유적에서 나온 도끼조차도 오른손잡이용이었다는 것을 알 수 있다. 오래전부터 인간은 오른손을 주로 사용해 온 것이다.

인간의 외형은 기본적으로 좌우대칭이다. 그런데 어째서 오른손잡이인 걸까. 그 이유 중 하나는 사회성에 있다고 생각한다. 지금의 사회는 오른손잡이가 왼손잡이보다 편리하게 되어 있으니까 관습적으로 오른손잡이로 교정된다. 하지만 그런 이유뿐이라면 왼손잡이가 많은 문명이나 사회 집단이 존재할 수 있지 않을까. 하지만 어느 시대, 어느 지역에서도 오른손잡이인 것을 보면 인간은 그런 유전자를 가지고 있다고 생각한다. 아기들 중에는 왼손잡이가 꽤 많은 것도 만국 공통이다.

엄마가 아기를 품고 있는 모습을 보면 금방 알 수 있다. 아기의 머리는 엄마의 왼쪽 가슴에 있다. 즉, 아기의 오른손은 엄마의 겨드랑이에 들어가거나 혹은 가슴에 눌려 갑갑한 상태가 된다. 그 상태에서 자유로운 것은 왼손이다. 그러므로 아기는 왼손부터 사용하기 시작한다. 그럼에도 불구하고 시간이 지나면 오른손잡이로 바뀐다. 이전에 그 이유에 대해 생각해 본 적이 있다. 다음은 나의 망상이라고 생각해도 좋다.

인간에게 좌우대칭인 것은 몸의 표면뿐이다. 내부는 대칭이 아니다. 심장은 왼쪽에 있다. 인간은 길을 걸어갈 때 벽면을 왼쪽에 두고 걸어가는 경향이 있다. 그것은 심장을 위험으로부터 보호하려는 이른바 생리적인 반사 같은 것이리라 생각한다. 무의식적인 방어 행동이다. 그러므로 보행자의 우측통행은 생리적으로 불합리하다는 해석도 가능하다.

피아노 건반이 오른쪽으로 갈수록 고음인 이유

다시 인간이 오른손잡이가 된 이유를 살펴보자. 나무를 타던 유인원 시대로 거슬러 올라간다. 원숭이가 나무 위에 있다. 한손으로 나무줄기를 잡고 다른 손으로 가지에 달린 열매를 따려고 할 때 오른손을 뻗는 게 좋을까, 왼손을 뻗는 게 좋을까.

가령 지면으로 떨어졌을 때를 상상해보자. 중요한 것은 심장이다. 심장은 왼쪽에 있다. 바닥에 떨어질 때 심장이 아래쪽에 자리하기보다는 위쪽에 자리하는 편이 덜 위험할 것이다. 즉, 왼손으로 줄기를 붙잡고 오른손을 뻗어 열매를 따면 실수로 나무에서 떨어져도 심장은 위쪽에 자리하게 된다. 그 때문에 왼손보다 오른손이 자주 사용되었을 것이다.

이야기를 좀 더 확대해 보자. 언어가 발달하지 못한 인간은 손짓 발짓으로 의사소통을 했다. 앞서 언급한 내용을 적용하면 왼손과 오른손 중 능숙하게 사용할 수 있는 오른손을 사용해 손짓으로 대화했을 것이다. 언어의 원형이 오른손에 의해 만들어졌을 가능성이 높다. 오른손을 움직이는 것은 좌뇌다. 좌뇌에 언어 영역이 있는 것도 그 때문이 아닐까. 또 오른손이 더 다양하게 언어를 표현할 수 있다고 한다면 악기를 연주할 때 오른손으로 멜로디를 연주하는 것이 바람직하다. 피아노 건반이 오른쪽으로 갈수록 고음을 내는 것은 어쩌면 지극히 자연스러운 일인지 모른다. 그런 추측을 종합해 보면 좌뇌에 언어 영역이 있거나 인간이 오른손잡이인 것은 심장이 몸의 좌측에 자리하는 것에서 파생한 결과인 것이라는 생각이 든다. 생명 유지 장치인 심장의 위치 때문에 신체 기능의 비대칭성이 생겨났다는 것이다. 물론 이것은 어디까지나 개인적인 가설일 뿐이다.

재충전이 필요한 당신에게, 가장 잘 쉬는 법에 대하여

하루 3시간만 자도 살 수 있다면

수면은 신기한 생명 현상이다. 인간은 일생의 약 30퍼센트를 잠으로 보낸다. 인생을 80년이라고 치면 거의 25년에 달하는 시간이다. 잠을 잘 때는 무방비로 외부의 적에게 노출되는데 그럼에도 불구하고 사실상 거의 모든 동물이 수면이라는 생리 현상을 지니고 있다는 것은 놀라운 일이다. 동물에게 수면을 완전히 빼앗으면 죽음을 초래할 수 있다. 또 수면 시간이 부족하면 건강이나 지능에 중대한 악영향을 미친다. 이런 점에서 보면 수면이 생명 유지에 필수적인 행위인 것은 분명하다. 지금까지 나는 기억력이나 학습 능력을 확보하기 위해서는 충분한 수면이 필수적이라고 반복적으로 강조했다.

하지만 세상에는 수면 시간이 적어도 건강하게 지내는 사람도 분명 존재한다. 하루에 불과 3시간의 수면으로 별 탈 없이 생활하는 이도 있다. 이런 특성은 유전적으로 결정된다. 실제로 수면 시간이 적어도 아무렇지 않은 가계家系가 존재하는 것으로 알려져 있다. 이 사실은 수면의 필요성을 낮추는 유전자가 존재한다는 의미이기도 하다.

파리의 유전자를 전문적으로 연구하는 위스콘신 매디슨대학의 토노니Tononi 박사는 마침내 그런 유전자를 발견했다. 파리와 인간이 무슨 상관이 있느냐고 생각할지 모르겠지만 파리에는 인간의 약 절반인 1만 3천 가지의 유전자가 있으며 그중 60퍼센트는 인간과 거의 비슷하게 기능하고 있다. 수면 패턴도 인간과 유사하다. 주기는 24시간으로 낮에도 외부의 자극이 없으면 잠에 빠져드는 경향이 강하고 인간의 수면제로 파리를 잠들게 할 수도 있다. 젊을수록 수면 시간이 긴 것과 수면이 부족하면 다음 날 오래 자는 것도 인간과 똑같다. 게다가 수면이 부족하면 파리의 능력도 저하된다.

토노니 박사는 파리의 유전자 6천 가지를 조금씩 변이시켜 일일이 수면 상태를 조사하는 방법으로 수면과 관련된 유전자를 발견했다. 그 유전자에 이상이 생기면 수면 시간이 70퍼센트나 줄어들었다. 무엇보다 흥미로운 사실은 수면 시간이 70퍼센트나 줄었는데도 파리의 운동 능력이나 지능은 정상이었다는 것이다.

그야말로 수면 시간이 짧은 단면형短眠型 체질이라고 할 수 있다. 토노니 박사는 그 변이 파리의 유전자를 미니 슬리프mini sleep라고 명명했다. 그 유전자는 신경세포의 활동을 안정시키는 작용을 한다. 자세한 기전은 아직 명확히 밝혀지지 않았지만 그 유전자는 신체에 어떤 변화를 주어 수면의 필요성을 적게 만들었다.

그 연구 결과가 인간에게 응용되려면 여러 가지 추가적인 검토와 윤리적인 문제가 해소되어야 하겠지만 이론적으로는 디자이너 베이비designer baby 같은 방법으로 유전자를 조합한다면 효율적으로 수면을 취하는 인간을 만들 수 있다는 것이다. 수면뿐만이 아니다. 최근에는 기억력을 높이거나 불로장생을 실현할 수 있는 유전자가 잇따라 발견되고 있다. 그중 몇몇은 포유류를 대상으로 한 실험에 성공했다. 어쩌면 가까운 미래에 우리 인간은 월등히 뛰어난 능력을 가진 신인류를 탄생시킬 가능성도 있지 않을까.

인간의 생체 리듬의 주기는 25시간이다

우리는 24시간 주기로 생활한다. 지구가 24시간 주기로 자전하면서 필연적으로 낮과 밤이 만들어져 우리의 뇌에도 하루의 생체 리듬이 생겨나는 것으로 알려져 있다. 그런데 생각해 보면 밤이 없는 백야 지역의 사람들도 하루 24시간을 주기로 활동한다. 그것을 보면 단순히 낮과 밤, 태양의 움직임만으로 생체 리듬이 설정된다는 것에는 근거가 부족해 보인다.

항상 밝은 방에 있거나 혹은 항상 어두운 방에 있어도 하루의 생체 리듬이 생겨난다. 단 그 주기는 24시간이 아니라 거의 25시간에 가깝다. 날이 밝아지거나 어두워지지 않으면 우리는 25시간을 주기로 생활한다는 것이다. 그럼에도 우리가 항상 비슷한 시간에 기상할 수 있는 것은 25시간 주기인 체내 시계를 매일 미세하게 교정하고 있기 때문이다.

주기가 24시간이 된 것은 지구의 자전에서 비롯된 것이 분명하지만 주기 자체가 뇌에 존재하는 이유는 다른 곳에 있는 것 같다. 이를테면 동물이 진화 과정에서 다양한 주기를 만들어냈을 가능성은 없는 걸까. 예전에는 주기가 2.5일이나 1.5일인 생물도 있었다. 다만 동물은 생존에 유리하기 때문인지 보통 낮과 밤으로 나뉜 25시간의 주기를 가지고 있었다고 한다. 그러고 보면 현재의 주기는 대부분 진화 과정 초기에 생겨났다고 할 수 있다.

생체 리듬에 대해 이야기할 때 빠뜨릴 수 없는 뇌 부위가 있다. 시교차상핵(뇌의 시상하부에서 두 눈의 시신경이 교차하는 부위)이다. 인간의 시교차상핵은 2밀리미터 정도의 작은 뇌 영역으로 뇌의 안쪽에 자리하고 있다. 그와 관련해 다음과 같은 실험이 있다. 쥐의 뇌에서 시교차상핵을 추출해 신경세포를 일일이 배양 용기에 옮긴다. 신경세포는 영양분만 있으면 배양 용기에서도 건강하게 성장한다. 여기서 신경세포의 활동을 측정한다. 놀랍게도 배양 용기 속의 신경세포는 일정한 주기로 활동한다. 시교차상핵의 신경세포는 '자동 시계 장치'였던 것이다. 그 주기는 세포에 따라 20시간에서 25시간 정도로 다양했다. 이런 다양한 주기의 신경세포들이 어우러져 하나의 규칙적인 리듬을 만들고 있는 것이었다. 동물의 25시간 주기는 뇌 속의 작은 신경세포들이 모여 만들어낸 것이다. 그런데 놀라운 것은 폐나 간장이나 근육의 세포를 배양해도 일정한 주기가 나타난다는 것이다. 어쩌면 우리의 신체 리듬은 몸 전체의 상호작용을 통해 만들어진 것인지도 모른다.

얕은 잠을 잘 때 꿈꾸는 이유

잠이 없으면 좋겠다고 생각할 때가 있다. 어차피 수면 중에도 에너지를 소비한다면 잠을 자는 대신 계속 연구를 하는 편이 낫지 않을까. 수면에는 어떤 의미가 있는 걸까. 과학적으로는 아직 수면에 대해 명확히 밝혀지지 않은 부분이 많다. 그러나 잠을 자지 않으면 사망한다는 것은 분명하다. 인생에서 3일은 아주 짧은 시간이지만 그동안 한숨도 자지 않으면 누구든 환각이나 환청에 시달릴 수 있다. 또 잠이 부족하면 학습력이나 기억력이 저하된다. 그 상관관계 때문에 우리는 수면이 기억에 중대한 역할을 하는 것을 상식으로 알고 있다. 물론 이것은 틀린 생각이 아니다. 다만 수면은 단지 기억만을 위해 존재하는 것은 아니다. 수면은 기억만을 위해서가 아닌 생명 유지에 필요한 근본적인 역할을 하고 있다.

수면에는 얕은 잠(렘수면)과 깊은 잠(논렘수면)의 주기가 있다. 이것은 뇌의 활동적인 측면에서 봤을 때의 이야기다. 우리의 육체는 오히려 렘수면 상태일 때 깊이 잠들어 있다. 꿈은 얕은 잠을 잘 때 자주 꾼다. 얕은 잠을 잘 때는 깨어 있을 때처럼 뇌가 활발하게 움직인다. 오히려 깨어 있을 때보다 더 활발하게 움직이는 뇌 부위도 있다. 하지만 몸은 마치 죽은 것처럼 꿈쩍도 하지 않고 잠들어 있다.

깊은 잠을 잘 때도 꿈을 꿀 때가 있다. 활동하는 대뇌 신경의 수가 가장 많을 때는 의외로 깊은 잠을 잘 때다. 이 시간에는 전반적으로 뇌의 활동 패턴이 단조롭고 신경 신호의 전달도 원활하지 못하다. 그럴 때는 수면 중에 몸을 이리저리 뒤척이는 등 자주 움직인다. 즉 수면 상태에서 뇌와 몸은 시소 관계에 있는 것이다. 뇌가 효율적으로 활동하는 시간에는 몸이 휴식하고 몸이 활동하는 시간에는 뇌의 활동이 둔해진다.

잘 때 가위눌리는 의학적 이유

얕은 잠을 잘 때 꿈을 꾸는 이유는 무엇일까. 어쩌면 꿈이 몸에 영향을 미치지 않고 뇌 안에서만 재생되도록 몸의 스위치를 꺼둔 것인지도 모른다. 역으로 말하면 그다지 꿈을 꾸지 않는 깊은 잠 상태에서는 몸의 스위치를 켜두어도 괜찮다는 것이다.

몽유병은 깊이 잠들었을 때, 다시 말하자면 몸이 깨어 있을 때 자주 발생한다. 그래서 여기저기 돌아다닐 수 있다. 그러나 본인에게는 의식이 거의 없다. 말을 건네면 대답을 할 때도 있는데 이는 뇌가 완전히 잠든 것이 아니기 때문이다.

그와 반대로 한창 꿈꾸고 있을 때 갑자기 눈을 뜨면 몸이 움직이지 않는 수면 마비 현상이 나타나기도 한다. 보통 사람들이 말하는 가위눌림이다. 이것은 렘수면(얕은 잠) 상태에서 갑자기 깨어나 본인의 의식 상태가 아직 꿈의 연장선에 있는 것이다. 그러므로 수면 마비 상태에서는 환상적이고 비현실적인 환각 현상이 자주 일어난다. 흔히 유령을 봤다거나 복도에서 묘한 발소리를 들었다는 식의 괴담은 대개 수면 마비와 관계가 있다.

"밤에 문득 눈을 떠 보니 죽은 조상님이 머리맡에 있었다. 놀라서 비명을 지르려고 했지만 소리도 나오지 않았고 몸도 움직여지지 않아 도망칠 수 없었다." 유령의 존재 여부는 확인할 수 없지만 유령을 봤다는 이야기에는 '몸을 움직이지 못해 더 무서웠다'라는 말이 공통적으로 들어간다. 수면 마비는 일종이 수면 장애라고 할 수 있다. 수면 장애라는 말에 걱정하는 사람도 있겠지만 이것은 누구에게든 일어날 수 있고 일어나더라도 별다른 문제는 없다. 물론 유령을 봤다고 해서 정신적으로 이상이 있는 것도 아니다.

매일 잠이 부족해서 피곤한 당신에게

처음에 얕은 잠에서 점차 깊은 잠으로 바뀌었다가 다시 얕은 잠이 될 때까지 걸리는 시간은 보통 90분이다. 깊은 잠을 잘 때 자명종 시계 같은 것으로 잠이 깨면 머리가 멍하거나 기분이 개운치 않다. 하지만 얕은 잠을 잘 때는 상쾌한 기분으로 눈을 뜬다. 그러므로 자신의 수면 주기를 파악해 그 시간에 맞춰 일어나는 것이 좋다. 나는 90분의 배수에 맞춰 일어나고 있다. 과학적으로 명확한 근거는 없으나 경험적으로 가장 개운한 잠을 잘 수 있는 시간이다.

짧은 시간 안에 효과적으로 '꿀잠' 자는 유전자

파리의 단면형 유전자 '미니 슬리프'가 발견되었다는 논문을 읽었을 때 나는 무언가 희망을 얻은 느낌이었다. 그것을 현실에 응용하기까지는 안전성을 비롯해 여러 가지 과제가 남아 있지만 단면형 유전자를 자극해 수면의 질을 높이는 것은 가능하리라 생각한다. 미니 슬리프가 발견되었다는 것은 분명 놀라운 뉴스다. 실제로 인간에게도 단면형 가계가 있으므로 그 유전자도 존재하리라 예상한다. 그런데 그 유전자의 정체가 칼륨 이온의 통로인 칼륨 채널potassium channel이었다는 사실에는 다시 한번 놀라지 않을 수 없었다.

통상적으로 신경세포의 세포막이 칼륨 이온을 통과하면 신경 활동이 억제된다. 칼륨 채널은 신경 활동에 브레이크를 거는 역할을 한다. 그 이온의 움직임을 억제하는 유전자의 기능이 바뀌면 수면 시간도 바뀌게 된다. 게다가 일반적으로 수면 시간이 짧아지면 집중력이나 기억력이 떨어지기 마련인데 그 파리의 경우에는 전혀 그렇지 않았다고 한다. 장래에 칼륨 이온을 자극하는 약품이 개발되어 '오늘은 조금만 자자'라는 식으로 생활 리듬을 스스로 선택할 수 있을지도 모른다. 그런데 단면형 인간이 있는 것처럼 그 반대 패턴인 장면형 인간도 있다. 하루에 13시간쯤 자지 않으면 몸이 개운치 않다는 사람도 있는데 그 원인도 유전자 때문이다. 이런 사람은 일반적으로 나태한 사람으로 여겨진다. 하지만 그것이 유전자 때문이라면 결코 게으른 사람이라고 할 수 없다. 자신과 다른 사람도 인정해줄 수 있는 사회 풍토가 요구되는 부분이다.

맺음말

결국 뇌를 아는 것은 자신을 아는 것이다

벚꽃이 피어나는 3월, 나는 미국 유학 생활을 마치고 이곳으로 돌아왔다. 일본에 돌아온 지 얼마 지나지 않아 운명처럼 한 예술 작품을 만나게 되었는데 그것은 과학에서 말하는 '프랙털fractal'을 연상시키는 도자기 작품이었다.

과학을 연구하다 보면 이 세상의 프랙털을 통감하게 된다. 과학이란 현상에 대한 비밀을 풀어내는 학문이라고 말한다. 이렇게 말하면 아주 간단하게 보이지만 실험에 실험을 거듭해 하나의 의문이 해소되면 또 다른 의문이 반드시 생겨나는 것이 과학이라는 학문의 특징이다. 이렇듯 과학적 탐구에 프랙털이 존재하는 한 모든 과학은 미완성일 수밖에 없다. 과학은 현시점뿐만 아니라 앞으로도 영원히 불완전한 상태로 존재할 것이다.

과학적이라는 단어는 고도의 논리성, 냉철함, 정확성을 떠올리게 한다. 그러나 사실 과학은 매우 가변적이고 유연한 분야다.

시대에 따라 진실이 거짓이 되고 거짓이 진실이 되기도 한다. 과학은 해석학이다. 과학자는 실험으로 얻은 데이터를 분석해 진리를 추측한다. 그렇다. 어디까지나 추측일 뿐이다. 인간에 의해 연구되는 이상 언제나 착오와 모호함을 내포할 수밖에 없다.

이 이야기를 하는 까닭은 바로 이 책에 그런 과학의 유연한 가능성을 담아보았기 때문이다. 공식적인 사실이 아니더라도 형식에 얽매이지 않고 과감히 가설을 펼쳐보기도 했다. 그런 점에서 이 책은 딱딱한 과학적 사실을 알려주는 책이라기보다 약간은 개인적이고 자유로운 과학 이야기라고 할 수 있다. 그만큼 나의 전문 분야가 아닌 내용에서는 부족한 점도 많으리라 생각한다. 그 점을 보완하기 위해 참고한 논문들을 참고 문헌의 형식으로 실어놓았다.

이 책은 뇌과학에 관한 이야기지만 세상에 관한 이야기이기도 하다. 뇌를 아는 것은 나를 아는 것이다. 또 나를 아는 것은 세상의 일부를 이해한다는 뜻이다. 무엇이든 잘 알게 되면 걱정과 두려움이 줄어든다. 큰 욕심일지 모르겠지만 부디 이 책이 작게나마 여러분의 걱정을 덜어주었기를 바라본다.

도쿄대학 캠퍼스에서
이케가야 유지

참고 문헌

PART 1

- **뇌는 나이를 먹어도 계속 성장한다**
1. Leuner B, Mendolia-Loffredo S, Kozorovitskiy Y, Samburg D, Gould E, Shors TJ. Learning enhances the survival of new neurons beyond the time when the hippocampus is reguired for memorv. Neurosci 24:7477-7481, 2004.
2. Maguire EA, Gadian DG, Johnsrude IS, Good CD, Ashburner J, Frackowiak RS, Frith CD. Navigation-related structural change in the hippocampi of taxi drivers. Proc Natl Acad Sei USA 97:4398-4403, 2000.
3. Shors T'J, Miesegaes G, Beylin A, Zhao M, Rydel T, Gould E. Neurogenesis in the adult is involved in the formation of trace memories. Nature 410:372-376, 2001.
4. Kempermann G, Kuhn HG, Gage FH. More hippocampal neurons in adult mice living in an enriched environment. Nature 386:493-495, 1997.
5. van Praag H, Kempermann G, Gage FH. Running increases cell proliferation and neurogenesis in the adult mouse dentate gyrus. Nat Neurosci 2:266-270, 1999.
6. Mitome M, Hasegawa T, Shirakawa 'T. Mastication influences the survival of newly generated cells in mouse dentate gyrus. Neuroreport 16:249-252, 2005.
7. Stranahan AM, Khalil D, Gould E. Social isolation delays the positive effects of running on adult neuro-genesis. Nat Neurosci 9:526-533, 2006.
8. Gould E, Tanapat P, MeEwen BS, Flügge G, Fuchs E. Proliferation of granule cell precursors in the den-tate gyrus of adult monkeys is di-

minished by stress. Proc Natl Acad Sei USA 95:3168-3171, 1998.
9. Mirescu C, Peters JD, Gould E. Early life experience alters response of adult neurogenesis to stress. Nat Neurosci 7:841-846. 2004.
10. Kozorovitskiy Y, Gould E. Dominance hierarchy influences adult neurogenesis in the dentate gyrus. J Neurosci 24:6755-6759, 2004.
11. Hill RS, Walsh CA. Molecular insights into human brain evolution. Nature 437:64-67, 2005.
12. Scoville WB, Milner B. Loss of recent memory after bilateral hippo-campal lesions. J Neurol Neurosurg Psychiatry 20:11-21, 1957, 00 http://neuro.psychiatryonline.org/cgi/content/full/12/1/103-a
13. Frankland PW, Bontempi B, Talton LE, Kaczmarek L, Silva AJ. The involvement of the anterior cingulate cortex in remote contextual fear memory. Science 304:881-883, 2004.
14. Maviel T, Durkin TP, Menzaghi F, Bontempi B. Sites of neocortical reorganization critical for remote spatial memory. Science 305:96-99, 2004.
15. Gould E, Beylin A, Tanapat P, Reeves A, Shors TJ. Learning enhances adult neurogenesis in the hip-pocampal formation. Nat Neurosci 2:260-265, 1999.
16. Roy NS, Wang S, Jiang L, Kang J, Benraiss A, Harrison-Restelli C., Fraser RA, Couldwell WT. Kawa-guchi A, Okano H, Nedergaard M, Goldman SA. In vitro neurogenesis by progenitor cells isolated from the adult human hippocampus. Nat Med 6:271-277, 2000.

- 평생 스트레스받지 않는 뇌를 만드는 법
1. MeEwen BS. Glucocorticoids, depression, and mood disorders: structural remodeling in the brain. Metabolism 54:20-23, 2005.
2. Okuda S, Roozendaal B, McGaugh JL. Glucocorticoid effects on object recognition memory require training-associated emotional arousal. Proc Natl Acad Sci USA 101:853-858, 2004.
3. Henke PG. Limbic system modulation of stress ulcer development. Ann NY Acad Sci 597:201-206,

4. Blanchard RJ, Blanchard DC. Crouching as an index of fear. J Comp Physio Psych 67:370-375, 1969.
5. Kim JJ, Fanselow MS. Modality-specific retrograde amnesia of fear. Science 256:675-677, 1992.
6. Phillips RG, LeDoux JE. Differential contribution of amygdala and hippocampus to cued and contextual fear conditioning. Behav Neurosci 106:274-285, 1992.

- **우울하고 불안할수록 뇌가 똑똑하다는 증거**

1. Wager TD, Rilling JK, Smith EE, Sokolik A, Casey KL, Davidson RJ, Kosslyn SM, Rose RM, Cohen JD Placebo-induced changes in MRI in the anticipation and experience of pain. Science 303:1162-1167, 2004.
2. Petrovic P, Kalso E, Peterson KM, Ingvar M. Placebo and opioid analgesia imaging a shared neuronal network. Science 295:1737-1740. 2002.
3. Santarelli L, Saxe M, Gross C, Surget A, Battaglia F, Dulawa S, Weisstaub N, Lee J, Duman R, Arancio O, Belzung C, Hen R. Requirement of hippocampal neurogenesis for the behavioral effects of antidepres-sants. Science 301:805-809, 2003.
4. Altman J. Are new neurons formed in the brains of adult mammals? Science 135:1127-1128, 1962.
5. Altman J, Das GD. Autoradiographic and histological evidence of postnatal hippocampal neurogenesis in rats. J Comp Neurol 124:319-335, 1965.
6. Kaplan MS, Hinds JW. Neurogenesis in the adult rat: electron microscopic analysis of light radioautographs. Science 197:1092-1094, 1977.
7. Goldman SA, Nottebohm F. Neuronal production, migration, and differentiation in a vocal control nucle. us of the adult female canary brain. Proc Natl Acad Sei USA 80:2390-2394, 1983.
8. Altman J, Das GD. Autoradiographic examination of the effects of

enriched environment on the rate of glial multiplication in the adult rat brain. Nature 204:1161-1163, 1964.
9. Kempermann G, Kuhn HG, Gage FH. More hippocampal neurons in adult mice living in an enriched environment. Nature 386:493-495, 1997.

- **노력하지 않고 기억력 높이는 법**
1. Rezvani AH, Levin ED. Cognitive effects of nicotine. Biol Psychiatry 49:258-267, 2001.
2. Baron JA. Cigarette smoking and Parkinson's disease. Neurology 36:1490-1496, 1986.
3. Picciotto MR, Zoli M, Rimondini R, Léna C, Marubio LM, Pich EM, Fuxe K, Changeux JP. Acetylcholine receptors containing the B2 subunit are involved in the reinforcing properties of nicotine. Nature 391:173-177. 1998.
4. Maskos U, Molles BE, Pons S, Besson M, Guard BP, Guillous JP, Evrard A, Cazala P, Cormier A, Mam-eli-Engvall M, Dufour N, Cloëz-Tayarani I, Bemelmans AP, Mallet J, Gardier AM, David V, Faure P, Gra-non S, Changeux JP. Nicotine reinforcement and cognition restored by targeted expression of nicotinic re-ceptors. Nature 436:103-107, 2005.
5. Tapper AR, McKinney SL, Nashmi R, Schwarz J, Deshpande P, Labarea C, Whiteaker P, Marks MJ, Col-lins AC, Lester HA. Nicotine activation of @4* receptors: sufficient for reward, tolerance, and sensitization. Science 306:1029-1032. 2004.
6. Pianezza ML, Sellers EM, Tyndale RF. Nicotine metabolism defect reduces smoking. Nature 393:750, 1998.
7. Feng Y, Niu T, Xing H, Xu X, Chen C, Peng S, Wang L, Laird N, Xu X. A common haplotype of the nic-otine acetvlcholine receptor @4 subunit gene is associated with vulnerabilitv to nicotine addiction in men. Am J Hum Genet 75:112-121, 2004.
8. Clayton TA, Lindon JC, Cloarec O, Antti H, Charuel C, Hanton G,

Provost JP, Le Net JL, Baker D, Wal-ley RJ, Everett JR, Nicholson JK. Pharmaco-metabonomic phenotyping and personalized drug treatment. Nature 440:1073-1077, 2006.

- **답답할 때 담배를 찾게 되는 이유**
1. Zhang Y, Proenca R, Maffei M, Barone M, Leopold L, Friedman JM. Positional cloning of the mouse obese gene and its human homologue. Nature 372:425-432, 1994.
2. Campfield LA, Smith FJ, Guisez Y, Devos R, Burn P. Recombinant mouse OB protein: evidence for a peripheral signal linking adiposity and central neural networks. Science 269:546-549, 1995.
3. Pellevmounter MA, Cullen MJ. Baker MB, Hecht R. Winters D. Boone T. Collins F. Effects of the obese gene product on body weight regulation in ob/ob mice. Science 269:540-543, 1995.
4. Halaas JL, Gajiwala KS, Maffei M, Cohen SL, Chait BT, Rabinowitz D, Lallone RL, Burley SK, Friedman JM. Weight-reducing effects of the plasma protein encoded by the obese gene. Science 269:543-546, 1995.
5. Lönnqvist F, Arner P, Nordfors L, Schalling M. Overexpression of the obese (ob) gene in adipose tissue of human obese subjects. Nat Med 1:950-953, 1995.
6. Hamilton BS, Paglia D, Kwan AYM, Deitel M. Increased obese mRNA expression in omental fat cells from massively obese humans. Nat Med 1:953-956, 1995.
7. Colombo G, Agabio R, Diaz G, Lobina C, Reali R, Gessa GL. Appetite suppression and weight loss after the cannabinoid antagonist SR 141716. Life Sci 63:113-117, 1998.
8. Di Marzo V, Matias I. Endocannabinoid control of food intake and energy balance. Nat Neurosci 8:585-589, 2005.

PART 2

- **의욕을 내고 싶다면 일단 몸부터 움직여라**
1. Shidara M, Richmond BJ. Anterior cingulate: single neuronal signals related to degree of reward expec-tancy. Science 296:1709-1711, 2002.
2. Aron A, Fisher H, Mashek DJ, Strong G, Li H, Brown LL. Reward, motivation, and emotion systems associated with early-stage intense romantic love. J Neurophysiol 94:327-337, 2005.

- **유전자보다 강력한 '이것'의 힘**
1. http://www.natureasia.com/japan/index.php (JIL#* Blinkhorn S. Neuroscience: Of mice and men-talit. Nature 424:1004-1005. 2003 +)
2. Matzel LD, Han YR, Grossman H, Karnik MS, Patel D, Scott N, Specht SM, Gandhi CC. Individual differences in the expression of a "general" learning ability in mice. J Neurosci 23:6423-6433, 2003.
3. Kentros CG, Agnihotri NT, Streater S, Hawkins RD, Kandel ER. Increased attention to spatial context increases both place field stability and spatial memory. Neuron 42:283-295, 2004.
4. de Quervain DJ-F, Papassotiropoulos A. Identification of a genetic cluster influencing memory performance and hippocampal activity in humans. Proc Natl Acad Sci USA 103:4270-4274, 2006.
5. Zatorre RJ. Absolute pitch: a model for understanding the influence of genes and development on neural and cognitive function. Nat Neurosci 6:692-695, 2003.

- **이기고 싶다면 빨간색 옷을 입어라**
1. Hill RA, Barton RA. Psychology: Red enhances human performance in contests. Nature 435:293, 2005.
2. Cuthill IC, Hunt S, Clarke C, Clear C. Colour bands, dominance, and body mass regulation in male zebra finches (Taeniopygia guttata).

Proc. R. Soc. Lond. B 264:1093-1099, 1997.
3. Jacobs GH, Deegan JF 2nd, Neitz J. Photopigment basis for dichromatic color vision in cows, goats, and sheep. Vis Neurosci 15:581-584, 1998.
4. Rowe C, Harris JM, Roberts SC. Sporting contests: Seeing red? Putting sportswear in context. Nature 437:E10-11. 2005.
5. Akiyama T, Sasaki M, Takenaka Y. Body color and pattern formations in animals: pigment cell develop-ment, genes and a reaction-diffusion model. Hiyoshi Rev Natural Sci (Keio Univ.) 37:73-94, 2005.

- **잠든 동안 뇌에서 일어나는 놀라운 일**

1. Gottselig JM, Hofer-Tinguely G, Borbély AA, Regel SJ, Landolt HP, Rétey JV, Achermann P. Sleep and rest facilitate auditory learning. Neuroscience 127:557-561, 2004.
2. Mednick S, Nakayama K, Stickgold R. Sleep-dependent learning: a nap is as good as a night. Nat Neu-rosci 6:697-698, 2003
3. Mednick SC, Nakayama K, Cantero JI., Atienza M, Levin AA, Pathak N, Stickgold R. The restorative effect of naps on perceptual deterioration. Nat Neurosci 5:677-681, 2002.
4. Marshall L, Mölle M, Hallschmid M, Born J. Transcranial direct current stimulation during sleep improves declarative memory. J Neurosci 24:9985-9992, 2004.
5. Wilson MA, McNaughton BL. Reactivation of hippocampal ensemble memories during sleep. Science 265:676-679. 1994.
6. O'Keefe J, Dostrovsky J. The hippocampus as a spatial map. Preliminary evidence from unit activity in the freely-moving rat. Brain Res 34:171-175, 1971.
7. Brown EN, Frank LM, Tang D, Quirk MC, Wilson MA. A statistical paradigm for neural spike train decoding applied to position prediction from ensemble firing patterns of rat hippocampal place cells. J Neu-rosci 18:7411-7425, 1998.
8. Louie K, Wilson MA. Temporally structured replay of awake hippo-

campal ensemble activity during rapid eye movement sleep. Neuron 29:145-156, 2001.
9. Lee AK, Wilson MA. Memory of sequential experience in the hippocampus during slow wave sleep. Neuron 36:1183-1194, 2002.
10. Maquet P, Ruby P. Psychology: Insight and the sleep committee. Nature 427:304-305, 2004.
11. Axmacher N, Mormann F, Fernández G, Elger CE, Fell J. Memory formation by neuronal synchroniza-tion. Brain Res Rev 52:170-182. 2006.
12. Foster DJ, Wilson MA. Reverse replay of behavioural sequences in hippocampal place cells during the awake state. Nature 440:680-683, 2006.

- **스트레스로 지친 당신에게 필요한 알파파의 힘**

1. Calon F, Lim GP, Yang F, Morihara 'I, Teter B, Ubeda O, Rostaing P, Triller A, Salem N Ji, Ashe KH, Frautschy SA, Cole GM. Docosahexaenoic acid protects from dendritic pathology in an Alzheimer's disease mouse model. Neuron 43:633-645. 2004.
2. Lazarov O, Robinson J, Tang YP, Hairston IS, Korade-Mirnies Z, Lee VM, Hersh LB, Sapolsky RM, Mir-nics K, Sisodia SS. Environmental enrichment reduces Abeta levels and amyloid deposition in transgenic mice. Cell 120:701-713, 2005.
3. Lesné S, Koh MT, Kotilinek L, Kayed R, Glabe CG, Yang A, Gallagher M, Ashe KH. A specific amyloid-B protein assembly in the brain impairs memory. Nature 440:352-357, 2006.
4. Tsai JY, Wolfe MS, Xia W. The search for gamma-secretase and development of inhibitors. Curr Med Chem 9:1087-1106, 2002.
5. Iwata N, Tsubuki S, Takaki Y, Shirotani K, Lu B, Gerard NP, Gerard C, Hama E, Lee HJ, Saido TC. Metabolic regulation of brain Aß by neprilysin. Science 292:1550-1552, 2001.
6. Saito T, Iwata N, Tsubuki S, Takaki Y, Takano J, Huang SM, Suemoto T, Higuchi M, Saido TC. Somatostatin regulates brain amyloid ß

peptide Aß12 through modulation of proteolytic degradation. Nat Med 11:434–439, 2005.

7. Schenk D, Barbour R, Dunn W, Gordon G, Grajeda H, Guido 'T, Hu K, Huang J, Johnson-Wood K, Khan K, Kholodenko D, Lee M, Liao Z, Lieberburg I, Motter R, Mutter L, Soriano F, Shopp G, Vasquez N, Vandevert C, Walker S, Wogulis M, Yednock 'T, Games D, Seubert P. Immunization with amyloid-ß attenuates Alzheimer-disease-like pathology in the PDAPP mouse. Nature 400:173–177, 1999.

8. Bard F, Cannon C, Barbour R, Burke RL, Games D, Grajeda H, Guido T, Hu K, Huang J, Johnson-Wood K, Khan K, Kholodenko D, Lee M, Lieberburg I, Motter R, Nguyen M, Soriano F, Vasquez N, Weiss K, Welch B, Seubert P, Schenk D, Yednock T. Peripherally administered antibodies against amyloid B-peptide enter the central nervous system and reduce pathology in a mouse model of Alzheimer disease. Nat Med 6:916–919, 2000.

9. Janus C, Pearson J, MeLaurin J, Mathews PM, Jiang Y, Schmidt SD, Chishti MA, Horne P, Heslin D, French J, Mount HT, Nixon RA, Mercken M, Bergeron C, Fraser PE, St George-Hyslop P, Westaway D. AB peptide immunization reduces behavioural impairment and plaques in a model of Alzheimer's disease. Nature 408:979–982, 2000.

10. Morgan D, Diamond DM, Gottschall PE, Ugen KE, Dickey C, Hardy J, Duff K, Jantzen P, DiCarlo G, Wilcock D, Connor K, Hatcher J, Hope C, Gordon M, Arendash GW. Aß peptide vaccination prevents memory loss in an animal model of Alzheimer's disease. Nature 408:982–985. 2000.

11. Hock C, Konietzko U, Papassotiropoulos A, Wollmer A, Streffer J, von Rotz RC, Davey G, Moritz E, Nitsch RM. Generation of antibodies specific for -amyloid by vaccination of patients with Alzheimer disease. Nat Med 8:1270–1275, 2002.

12. Hock C, Konietzko U, Streffer JR, Tracy J, Signorell A, Müller-Tillmanns B, Lemke U, Henke K, Mori-tz E, Garcia E, Wollmer MA,

Umbricht D, de Quervain DJ, Hofmann M, Maddalena A, Papasso-tiropoulos A, Nitsch RM. Antibodies against B-amyloid slow cognitive decline in Alzheimer's disease. Neuron 38:547-554, 2003.
13. Nicoll JA, Wilkinson D, Holmes C, Steart P, Markham H, Weller RO. Neuropathology of human Al-zheimer disease after immunization with amyloid- peptide: a case report. Nat Med 9:448-452, 2003.
14. Saido TC, Iwata N. Metabolism of amyloid B peptide and pathogenesis of Alzheimer's disease. Towards presymptomatic diagnosis, prevention and therapy. Neurosci Res 54:235-253, 2006.
15. Yang F, Lim GP, Begum AN, Ubeda OJ, Simmons MR, Ambegaokar SS, Chen PP, Kayed R, Glabe CG, Frautschy SA, Cole GM. Curcumin inhibits formation of amyloid ß oligomers and fibrils, binds plaques, and reduces amyloid in vivo. J Biol Chem 280:5892-5901, 2005.
16. Ng TP, Chiam PC, Lee T, Chua HC, Lim L, Kua EH. Curry Consumption and Cognitive Function in the Elderly. Am J Epidemiol 164:898-906, 2006.
17. Zhou Y, Su Y, Li B, Liu F, Ryder JW, Wu X, Gonzalez-DeWhitt PA, Gelfanova V, Hale JE, May PC, Paul SM, Ni B. Nonsteroidal anti-inflammatory drugs can lower amyloidogenic Aß12 by inhibiting Rho. Science 302:1215-1217, 2003.

- **적게 먹을수록 뇌는 똑똑해진다**
1. Nader K, Schafe GE, Le Doux JE. Fear memories require protein synthesis in the amygdala for reconsolidation after retrieval. Nature 406:722-726, 2000.
2. Kida S, Josselyn SA, de Ortiz. SP, Kogan JH, Chevere I, Masushige S, Silva AJ. CREB required for the stability of new and reactivated fear memories. Nat Neurosci 5:348-355, 2002.
3. Sara SJ. Retrieval and reconsolidation: toward a neurobiology of remembering. Learn Mem 7:73-84, 2000.
4. McCleery JM, Harvey AG. Integration of psychological and biological approaches to trauma memory: implications for pharmacological

prevention of PTSD. J Trauma Stress 17:485-496, 2004.
5. Miller CA, Marshall JE. Molecular substrates for retrieval and reconsolidation of cocaine-associated contextual memory. Neuron 47:873-884, 2005.
6. Lee JLC, Di Ciano P, Thomas KL, Everitt BJ. Disrupting reconsolidation of drug memories reduces co-caine-seeking behavior. Neuron 47:795-801, 2005.
7. Nomura H, Matsuki N. Ethanol enhances reactivated fear memories. Neuropsychopharmacolosy 33:2912-2921, 2008.

- **당신의 기억은 왜곡되었다**
1. Mirenowiez J, Schultz W. Preferential activation of midbrain dopamine neurons by appetitive rather than aversive stimuli. Nature 379:449-451, 1996.
2. Hollerman JR, Schultz W. Dopamine neurons report an error in the temporal prediction of reward during learning. Nat Neurosci 1:304-309, 1998.
3. Waelti P, Dickinson A, Schultz W. Dopamine responses comply with basic assumptions of formal learning theory. Nature 412:43-48, 2001.
4. Fiorillo CD, Tobler PN, Schultz W. Discrete coding of reward probability and uncertainty by dopamine neurons. Science 299:1898-1902, 2003.
5. Burgess PW. Strategy application disorder: the role of the frontal lobes in human multitasking. Psychol Res 63:279-288, 2000.

PART 3

- **살찔 걱정 없이 먹게 될 날이 온다**
1. Zykov V, Mytilinaios E, Adams B, Lipson H. Robotics: Self-reproducing machines. Nature 435:163-164, 2005.

2. Schwartz AB. Cortical neural prosthetics. Annu Rev Neurosci 27:487-507, 2004.
3. Hochberg LR, Serruya MD, Fries GM, Mukand JA, Saleh M, Caplan AH, Branner A, Chen D, Penn RD, Donoghue JP. Neuronal ensemble control of prosthetic devices by a human with tetraplegia. Nature 442:164-171. 2006.
4. Wolpaw JR, Birbaumer N, McFarland DJ, Pfurtscheller G, Vaughan TM. Brain-computer interfaces for communication and control. Clin Neurophysiol 113:767-791, 2002.
5. Birbaumer N, Ghanayim N, Hinterberger T, Iversen I, Kotchoubey B, Kübler A, Perelmouter J, Taub E.Flor H. A spelling device for the paralysed. Nature 398:297-298, 1999.

- **쾌락보다 공포나 불안을 강하게 느끼도록 설계된 인간**

1. Nitschke JB, Dixon GE, Sarinopoulos I, Short SJ, Cohen JD, Smith EE, Kosslyn SM, Rose RM, Davidson RJ. Altering expectancy dampens neural response to aversive taste in primary taste cortex. Nat Neuro-sci 9:435-442, 2006.
2. Shuler MG, Bear MF. Reward timing in the primary visual cortex. Science 311:1606-1609, 2006.
3. Stevens CF. An evolutionary scaling law for the primate visual system and its basis in cortical function. Nature 411:193-195. 2001.
4. Clark DA, Mitra PP, Wang SS. Scalable architecture in mammalian brains. Nature 411:189-193, 2001.
5. Hill RS, Walsh CA. Molecular insights into human brain evolution. Nature 437:64-67, 2005. Sultan F. Analysis of mammalian brain architecture. Nature 415:133-134. 2002.

- **술은 정말 스트레스 해소에 도움이 될까?**

1. Abelson JL, Liberzon I, Young EA, Khan S. Cognitive modulation of the endocrine stress response to a pharmacological challenge in normal and panic disorder subjects. Arch Gen Psychiatry 62:668-

675, 2005.
2. Ueyama T, Ohya H, Yoshimura R, Sena E. Effects of ethanol on the stress-induced expression of NG-FI-A mRNA in the rat brain. Alcohol 18:171-176, 1999.

- **건망증이 심해도 의외로 괜찮은 이유**
1. de Hoz L, Martin SJ, Morris RGM. Forgetting, reminding, and remembering: the retrieval of lost spatial memory. PLoS Biol 2: 225, 2004.
2. Morris RGM. Spatial localization does not require the presence of local cues. Learn Motiv 12:239-260, 1981.

- **뇌는 행복해지기 위해 마음을 속인다**
1. Johansson P, Hall L, Sikström S, Olson A. Failure to detect mismatches between intention and outcome in a simple decision task. Science 10:116-119, 2005

- **인간이 MBTI에 진심이 될 수밖에 없는 이유**
1. Lutz A, Greischar LL, Rawlings NB, Ricard M, Davidson RJ. Long-term meditators self-induce high-amplitude gamma synchrony during mental practice. Proc Natl Acad Sci USA 101:16369-16373, 2004.
2. Huang YZ, Edwards MJ, Rounis E, Bhatia KP, Rothwell JC. Theta burst stimulation of the human motor cortex. Neuron 45:201-206, 2005.
3. Roskies A. Neuroethics for the new millenium. Neuron 35:21-23, 2002.
4. Konopacki J, MacIver MB, Bland BH, Roth SH. Carbachol-induced EEG 'theta' activity in hippocampal brain slices. Brain Res 405:196-198, 1987.
5. Buzsáki G. Theta oscillations in the hippocampus. Neuron 33:325-340, 2002.

6. Adey WR. Hippocampal states and functional relations with corticosubcortical systems in attention and learning. Prog Brain Res 27:228-245, 1967.
7. Kahana M.J, Sekuler R, Caplan JB, Kirschen M, Madsen JR. Human theta oscillations exhibit task dependence during virtual maze navigation. Nature 399:781-784, 1999.
8. Raghavachari S, Kahana MJ, Rizzuto DS, Caplan JB, Kirschen MP, Bourgeois B, Madsen JR, Lisman JE. Gating of human theta oscillations by a working memory task. J Neurosei 21:3175-3183, 2001.
9. Caplan JB, Madsen JR, Raghavachari S, Kahana MJ. Distinct patterns of brain oscillations underlie two basic parameters of human maze learning. J Neurophysiol 86:368-380, 2001.
10. Winson J. Loss of hippocampal theta rhythm results in spatial memory deficit in the rat. Science 201:160-163, 1978.
11. Givens BS, Olton DS. Cholinergic and GABAergic modulation of medial septal area: effect on working memory. Behav Neurosci 104:849-855, 1990
12. Markowska AL, Olton DS, Givens B. Cholinergic manipulations in the medial septal area: age-related effects on working memory and hippocampal electrophysiology. J Neurosci 15:2063-2073. 1995.
13. Larson J, Wong D, Lynch G. Patterned stimulation at the theta frequency is optimal for the induction of hippocampal long-term potentiation. Brain Res 368:347-350, 1986.
14. Huerta PT, Lisman JE. Heightened synaptic plasticity of hippocampal CAl neurons during a choliner-gically induced rhythmic state. Nature 364:723-725, 1993.
15. Berry SD, Thompson RF. Prediction of learning rate from the hippocampal electroencephalogram. Sei-ence 200:1298-1300, 1987.
16. Asaka Y, Mauldin KN, Griffin AL, Seager MA, Shurell E, Berry SD. Nonpharmacological amelioration of age-related learning deficits: the impact of hippocampal theta-triggered training. Proc Natl Acad Sc USA 102:13284-13288. 2005.

- **치매를 예방하기 위해 꼭 먹어야 하는 음식**
1. Diano S, Farr SA, Benoit SC, MeNay EC, da Silva I, Horvath B, Gaskin FS, Nonaka N, Jaeger LB, Banks WA, Morley JE, Pinto S, Sherwin RS, Xu L, Yamada KA, Sleeman MW, Tschöp MH, Horvath TL. Ghrelin controls hippocampal spine synapse density and memory performance. Nat Neurosci 9:381-388, 2006.
2. Singer T, Seymour B, O'Doherty J, Kaube H, Dolan RJ, Frith CD. Empathy for pain involves the affective but not sensory components of pain. Science 303:1157-1162, 2004.
3. Winderickx J, Lindsey DT, Sanocki E, Teller DY, Motulsky AG, Dee SS. Polymorphism in red phot-opigment underlies variation in colour matching. Nature 356:431-433, 1992.
4. Merbs SL, Nathans J. Absorption spectra of human cone pigments. Nature 356:433-435, 1992.
5. Verrelli BC, Tishkoff SA. Signatures of selection and gene conversion associated with human color vision variation. Am J Hum Genet 75:363-375, 2004.
6. Nelson G, Chandrashekar J, Hoon MA, Feng L, Zhao G, Ryba NJ, Zuker CS. An amino-acid taste receptor. Nature 416:199-202, 2002.
7. Kim UK, Jorgenson E, Coon H, Leppert M, Risch N, Drayna D. Positional cloning of the human quantitative trait locus underlying taste sensitivity to phenylthiocarbamide. Science 299:1221-1225, 2003.

PART 4

- **당첨되지 않을 걸 알면서도 복권을 사는 심리**
1. McCoy AN, Platt ML. Risk-sensitive neurons in macaque posterior cingulate cortex. Nat Neurosci 8:1220-1227, 2005.
2. Kawagoe R, Takikawa Y, Hikosaka O. Expectation of reward modulates cognitive signals in the basal ganglia. Nat Neurosci 1:411-416,

1998.
3. Tremblay L, Schultz W. Relative reward preference in primate orbitofrontal cortex. Nature 398:704-708, 1999.
4. Shidara M, Richmond BJ. Anterior cingulate: Single neuronal signals related to degree of reward expec-tancy. Science 296:1709-1711, 2002.
5. Fiorillo CD, Tobler PN, Schultz W. Discrete coding of reward probability and uncertainty by dopamine neurons. Science 299:1898-1902, 2003.
6. Barraclough DJ, Conroy ML, Lee D. Prefrontal cortex and decision making in a mixed-strategy game. Nat Neurosci 7:404-410. 2004.
7. Dorris MC. Glimcher PW. Activity in Posterior Parietal Cortex Is Correlated with the Relative Subjective Desirability of Action. Neuron 44:365-378. 2004.
8. Roesch MR, Olson CR. Neuronal activity related to reward value and motivation in primate frontal cor-tex. Science 304:307-310, 2004.
9. Sugrue LP, Corrado GS, Newsome WT. Matching behavior and the representation of value in the parietal cortex. Science 304:1782-1787, 2004.
10. Padoa-Schioppa C, Assad JA. Neurons in the orbitofrontal cortex encode economic value. Nature 441:223-226, 2006.
11. Shuler MG, Bear MF. Reward timing in the primary visual cortex. Science 311:1606-1609, 2006.

- **규칙을 어기고 싶은 충동이 생기는 과학적 원인**

1. Singer T, Seymour B, O'Doherty J, Kaube H, Dolan RJ, Frith CD. Empathy for pain involves the affective but not sensory components of pain. Science 303:1157-1162, 2004.
2. McClure SM, Li J, Tomlin D, Cypert KS, Montague LM, Montague PR. Neural correlates of behavioral preference for culturally familiar drinks. Neuron 44:379-387, 2004.
3. Gallese V, Fadiga L, Fogassi L, Rizzolatti G. Action recognition in the

premotor cortex. Brain 119:593-609, 1996.
4. Singer T, Seymour B, O'Doherty JP, Stephan KE, Dolan RJ, Frith CD. Empathic neural responses are modulated by the perceived fairness of others. Nature 439:466-469, 2006.
5. Lutz A, Greischar LL, Rawlings NB, Ricard M, Davidson RJ. Long-term meditators self-induce high-amplitude gamma synchrony during mental practice. Proc Natl Acad Sci USA 101:16369-16373, 2004.
6. Libet B. Brain stimulation in the study of neuronal functions for conscious sensory experience. Hum Neurobiol 1:235-242, 1982.
7. Libet B. Unconscious cerebral initiative and the role of conscious will in voluntary action. Behav Brain Sci 8:529-566, 1985.
8. Libet B. Do we have free will? J Conscious Stud 6:47-57, 1999.
9. Briggman KL, Abarbanel HDI, Kristan WB Jr. Optical imaging of neuronal populations during decision-making. Science 307:896-901, 2005.
10. Otten LJ, Quayle AH, Akram S, Ditewig TA, Rugg MD. Brain activity before an event predicts later recollection. Nat Neurosci 9:489-491, 2006.
11. Farah MJ. Neuroethics: the practical and the philosophical. Trends Cogn Sci 9:34-40, 2005.
12. Moreno JD. Neuroethics: an agenda for neuroscience and society. Nat Rev Neurosci 4:149-153, 2003.
13. Roskies A. Neuroethics for the new millenium. Neuron 35:21-23, 2002.

- **뇌의 100퍼센트를 사용할 수 있다면**

1. Lewin R. Is your brain really necessary? Science 210:1232-1234, 1980.
2. Stepanyants A, Hof PR, Chklovskii DB. Geometry and structural plasticity of synaptic connectivity. Neuron 34:275-288, 2002.

- **뇌과학으로 타인을 이해한다는 것**
1. Goel V, Dolan RJ. The functional anatomy of humor: segregating cognitive and affective components Nat Neurosci 2001 4:237-238. 2001.

- **재충전이 필요한 당신에게, 가장 잘 쉬는 법에 대하여**
1. Cirelli C, Bushey D, Hill S, Huber R, Kreber R, Ganetzky B, Tononi G. Reduced sleep in Drosophila Shaker mutants. Nature 434:1087-1092, 2005.
2. Welsh DK, Logothetis DE, Meister M, Reppert SM. Individual neurons dissociated from rat suprachias-matic nucleus express independently phased circadian firing rhythms. Neuron 14:697-706, 1995.
3. Liu C, Weaver DR, Strogatz SH, Reppert SM. Cellular construction of a circadian clock: period determination in the suprachiasmatic nuclei. Cell 91:855-860. 1997.
4. Yamazaki S, Numano R, Abe M, Hida A, Takahashi R, Ueda M, Block GD, Sakaki Y, Menaker M, Tei H. Resetting central and peripheral circadian oscillators in transgenic rats. Science 288:682-685, 2000.
5. McCormick DA. DEVELOPMENTAL NEUROSCIENCE: Spontaneous activity: signal or noise? Science 285:541-543, 1999.
6. Thompson LT, Best PJ. Place cells and silent cells in the hippocampus of freely-behaving rats. J Neuro-sci 9:2382-2390. 1989.
7. Volgushev M, Chauvette S, Mukovski M, Timofeev I. Precise long-range synchronization of activity and silence in neocortical neurons during slow-wave sleep. J Neurosci 26:5665-5672, 2006.
8. Massimini M, Ferrarelli F, Huber R, Esser SK, Singh H, Tononi G. Breakdown of cortical effective connectivity during sleep. Science 309:2228-2232, 2005.

옮긴이 김준기
일본 다쿠쇼쿠대학을 졸업한 후 출판기획자이자 전문 번역가로 활동 중이다. 옮긴 책으로 『올빼미의 성』『이렇게 째째한 로맨스』『IWGP』『그날이 오기 전에』『책을 버리고 거리로 나가자』『밤을 걸고』『죽음의 역사』등이 있다.

우리의 마음과 행동을 결정하는 두뇌 법칙 25
삶이 흔들릴 때 뇌과학을 읽습니다

초판 1쇄 발행 2024년 3월 27일
초판 8쇄 발행 2025년 8월 1일

지은이 이케가야 유지
옮긴이 김준기
펴낸이 김선준

편집이사 서선행
편집1팀 이주영, 김송은, 천혜진
디자인 김예은
마케팅팀 권두리, 이진규, 신동빈
홍보팀 조아란, 장태수, 이은정, 권희, 박미정, 조문정, 이건희, 박지훈, 송수연, 김수빈
경영관리 송현주, 윤이경, 임해랑, 정수연

펴낸곳 ㈜콘텐츠그룹 포레스트 **출판등록** 2021년 4월 16일 제2021-000079호
주소 서울시 영등포구 여의대로 108 파크원타워1, 28층
전화 02)332-5855 **팩스** 070)4170-4865
홈페이지 www.forestbooks.co.kr
종이 ㈜월드페이퍼 **출력·인쇄·후가공** 더블비 **제본** 책공감
ISBN 979-11-94530-52-7 (03180)

- 책값은 뒤표지에 있습니다.
- 파본은 구입하신 서점에서 교환해드립니다.
- 이 책은 저작권법에 의하여 보호를 받는 저작물이므로 무단 전재와 복제를 금합니다.

㈜콘텐츠그룹 포레스트는 독자 여러분의 책에 관한 아이디어와 원고 투고를 기다리고 있습니다. 책 출간을 원하시는 분은 이메일 writer@forestbooks.co.kr로 간단한 개요와 취지, 연락처 등을 보내주세요. '독자의 꿈이 이뤄지는 숲, 포레스트'에서 작가의 꿈을 이루세요.